KB203906

환난 받는 자를 위한 고난의 복음서

마가복음

마가복음에 대한 이해함이 없다면 마가복음을 마태복음의 부록, 아류 정도로 부당하게 취급하게 될 것입니다. 이는 마가복음에 대한 부당한 평가일뿐만 아니라 우리의 신앙에 대단한 손실이 됩니다. 이는 마가복음의 메시지에 대해서 무지함이 됩니다.

1835년 라크만이 '마가복음 우선설'을 주장한 이후 학계에서는 마가복음에 대한 평가가 새로워지기 시작하였습니다. 그러나 마태복음의 발췌로 여겼던 마가복음에 대한 푸대접은 마가복음을 읽는 현장에서는 여전합니다.

마가복음을 온전하게 이해하기 위해서는 마가복음의 특징들을 이해하여야 합니다.

첫째, 마가복음은 치유를 중심으로 합니다. 마태복음은 예수님의 3대 사역인 선포(preaching), 가르침(teaching), 치유(healing) 중에서 5대 강화를 중심으로 '가르침'에 관한 강조가 있다면 마가복음에서는 선포와 가르침이 아닌 치유의 사역이 가장 먼저 언급되며 많은 분량을 통해서 강조하고 있음을 살펴보아야 합니다. 가버나움의 하루는 치유 중심의 이야기이며(막 1:21-39), 나병환자로부터 안식일에 손 마른 자를 고치심의 이야기는 마가복음의 주요 메시지가 치유로부터 시작함을 밝힙니다(막 1:40-3:12). 마가복음은 많은 이적을 전합니다. 사복음서에 나오는 36개의 이적 중에 무려 18개의 이적을 전합니다. 마태복음의 긴 강화와 같은 형태는 다만 마가복음 4장과 13장으로 제한되어 있으며 짧은 분량에도 불구하고 상당히 많은 내용의 이적들에 관하여 전합니다. 이는 마가복음의 청중들이 처한 상황이 가르침을 받아 세워 나가야 하는 현장이 아닌 핍박과 환난 가운데 위로를 받고 견디어야 하는 현장임을 알 수 있게 합니다.

둘째, 마가복음은 예수님의 수난(Passion)을 강조합니다. 가상칠언의 말씀 중에 누가복음의 말씀과 같은 고상함(눅 23:34, 43, 46)과 요한복음의 성취가 없습니다(요 19:30). 철저하게 예수님의 고난 자체를 조명합니다. 이는 역시 고난의 현장 가운데 있는 마가의 독자들을 위로하며 그들의 믿음을 굳게 합니다.

셋째, 마가복음은 로마의 이방인 그리스도인을 대상으로 합니다. 마가복음의 독자, 혹은 청중들의 이해는 마가복음을 깊이 있게 이해하는 데에 도움을 줍니다. 이방인을 위하여 아람어를 설명하며(3:17-보아너게: 우레의 아들, 5:41-달리다굼: 내가 네게 말하노니 소녀야 일어나라, 7:11-고르반: 하나님께 드림이 되었다, 14:36-아바: 아버지, 15:34-엘리 엘리 라마 사박다니: 나의 하나님, 나의 하나님 어찌하여 나를 버리셨나이까), 유대의 풍습에 관하여 자세히 전하며(7:3-4, 14:12, 15:42), 로마의 많은 군대적인 용어들이 등장하며(5:9, 6:27, 15:15,16, 39), 헬라 동전의 명칭인 렙돈을 로마 동전의 명칭인 고드란트로 설명합니다(12:42). 곧 마가복음에 대한 이해는 마가복음의 독자 혹은 청중들에 이해를 바탕으로 합니다. 마가복음 청중들의 삶의 자리가 곧 마가복음의 메시지가 됩니다. 마가복음의 투박하고 단순하며, 직설적인 표현 방법들은 마가의 저자뿐만 아니라 독자들과 무관하지 않습니다.

넷째, 마가복음 논리적인 가르침보다는 감성적인 이야기를 중심으로 합니다. 전체적으로 짧은 16장의 글임에도 불구하고 상당히 긴 이야기들을 담고 있습니다. 1. 가버나움의 긴 하루(막 1:21-39), 2. 중풍병자를 고치심(막 2:1-12), 3. 거라사인 귀신 들린 자를 고치심(막 5:1-20), 4-5. 야이로의 딸과 열두 해 혈루병 난 여인의 이야기(막 5:21-43), 6. 세례 요한의 죽음 이야기(막 6:14-29), 7. 장로들의 전통(7:1-23), 8. 갈릴리 호숫가의 사역(막 7:31-37), 9. 귀신 들린 아이를 고치심(막 9:14-29), 10. 맹인 거지 바디매오 이야기(막 10:46-52) 등은 짧은 마가복음 안에서 상당히 길며 자세하게 전합니다. 이는 마가복음의 독자들에게 복음을 전하는데 효과적입니다.

다섯째, 마가복음은 행위를 중시합니다. 믿음의 사람들의 행위를 강조하며, 또한 복음을 전하시는 예수님의 가르침보다는 복음을 전하시는 예수님의 행위를 강조합니다.

여섯째 마가복음에는 빈번한 샌드위치의 구조를 가집니다. 이는 구조를 통한 중요한 메시지의 전달이 됩니다. 1. 열두 해 혈루증 여인과 야이로의 딸 이야기(막 5:21-43), 2. 제자들의 파송과 세례 요한의 죽음, 제자들의 귀환 이야기(막 6:7-32), 3. 오병이어의 이적과 떡 떼신 일을 깨닫지 못한 이야기(막 6:30-52), 4. 어린 아이의 하나의 영접하신 이야기(막 9:37,

41), 5. 무화과나무의 저주와 성전 정화 이야기(막 11:12-26), 6. 향유를 부은 여인과 가룟 유다의 배신 이야기(막 14:1-11), 7. 베드로의 부인 이야기(막 14:53-72)는 샌드위치의 구조를 가지며 이는 매우 의미 있는 교훈이 됩니다.

일곱째, 마가복음에는 비밀 경고의 말씀들이 있습니다. 갈릴리 바다에서 더러운 귀신들에게 경고하시며(막 3:7-12), 갈릴리 호수에서 귀 먹고 말 더듬는 자에게 경고하시며(막 7:36), 벳새다의 맹인 치유 후에 마을에는 들어가지 말라 하셨으며(막 8:22-26), 베드로의 신앙 고백 후에(막 8:30), 변모산 사건 후에(막 9:9) 비밀 경고의 말씀들이 있습니다. 이는 브레데의 '메시야 비밀'과 같이 예수님의 메시야에 대한 자의식에 대한 신학적인 견해보다는 메시야에 대한 왜곡된 이해를 금지하심에 관하여 주목하여야 합니다.

마가복음의 전체적인 구조는 먼저 짧은 서론과 결론을 가집니다. 탄생과 유년기가 없는 짧은 공생애의 준비가 서론이 되며(막 1:1-13), 부활에 관한 말씀이 결론이 됩니다(막 16:1-20). 본론이 되는 1장14-15장47절의 말씀은 크게 갈릴리 중심 활동과 예루살렘 중심 활동으로 나눕니다. 갈릴리 중심 활동은 1장14-8장26절까지의 말씀으로 제자들의 부름과 선택과 파송을 기점으로 1차 갈릴리 활동(1:14-3:12), 2차 갈릴리 활동(3:13-6:6), 3차 갈릴리 활동(6:7-8:26)로 나뉘며, 예루살렘 중심 활동 8장27-15장47절의 말씀으로, 상경기(8:27-10:52), 예루살렘 입성(11:1-13:37), 수난(14:1-15:47)으로 각각 세 부분으로 나누어집니다.

마가복음은 수난의 복음서라 할 수 있으나 아이러니하게도 마가복음 자체가 오랜 세월 동안 빛을 보지 못하는 수난을 받았습니다. 그러나 현대에 이르러서는 마가복음은 그 중요성과 가치가 새롭게 조명을 받습니다. 마가복음이야 말로 현대판 미운 오리새끼라 할 수 있습니다. 그러나 이러한 대우는 최초의 복음서라는 태생적인 위치로 말미암은 것이 아닌 마가복음이 전하는 특별한 메시지의 재조명을 통해서 또한 이루어져야 할 것입니다.

　논리보다는 감성적으로 다가가며, 세련되지 않고 투박하나 친근하며, 기도의 내용을 가르치지 않으나 기도의 마음을 주며, 그리스도의 수난을 통해 고난의 현장 가운데 자들을 위로하는 것이 바로 마가복음의 메시지입니다.

차 례

예루살렘 중심 활동

마가복음의 구조

서론	갈릴리 중심 활동				예루살렘 중심 활동			결론
	1차 갈릴리 사역	2차 갈릴리 사역		3차 갈릴리 사역		상경기	입성	수난	
1부	2부	3부		4부		5부	6부		7부	8부
공생애의 준비	공생애의 시작	이적 1	불신	하나님 나라의 비유	이적 2	유대인을 위한 사역	이방인을 위한 사역	수난 예고	상경기	예루살렘 입성 / 논쟁	감람산 강화	수난	부활
1장	1장	2장	3장	4장	5장	6장	7장	8-9장	10장	11-12장	13장	14-15장	16장

마가복음

서론
(1:1-13)

제1부

공생애의 준비
(1:1-13)

PART

01

복음의 시작
1장1-13절

Key Point

마가복음은 '하나님의 아들 예수 그리스도 복음의 시작이라'(막 1:1)는 말씀으로 시작합니다. 그러나 복음의 시작에 예수님의 탄생과 유년기에 관하여 전하지 않습니다. 마가복음의 서두가 되는 이번 과에서는 복음의 시작과 공생애를 위한 준비에 관하여 간략하게 전합니다.

본문 이해

마가복음의 시작은 마태복음과 누가복음의 시작과 달리 예수님의 탄생과 유년기에 대한 이야기가 없습니다. 이는 독특한 마가복음의 관점을 보여줍니다. 마가복음은 예수님의 탄생이 아닌 수난(Passion)에 초점을 두고 있기 때문입니다. 그러나 단지 '탄생'이 아닌 '수난' 자체를 강조하고자 함도 아닙니다. 고난의 종인 예수 그리스도의 고난에도 불구하고 그가 바로 하나님의 아들 예수 그리스도이심을 선포함으로 로마의 대박해의 고난 가운데 있는 그리스도인들을 위로하고 그 믿음을 굳게함에 목적을 가집니다.

마가복음의 전체적인 구조는 먼저 짧은 서론과 결론을 가집니다. 탄생과 유년기가 없는 짧은 공생애의 준비가 서론이 되며(막 1:1-13), 부활에 관한 말씀이 결론이 됩니다(막 16:1-20). 서두는 "하나님의 아들 예수 그리스도의 '복음'의 시작이라"(막 1:1)고 하였고 마지막에는 "너희는 온 천하에 다니며 만민에게 '복음'을 전파하라"(막 16:15)고 하였습니다.

본론이 되는 1장14-15장47절의 말씀은 크게 갈릴리 중심 활동과 예루살렘 중심 활동으로 나뉩니다. 갈릴리 중심 활동은 1장14-8장26절까지의 말씀으로 제자들을 부르심과 선택과 파송을 기점으로 1차 갈릴리 활동(1:14-3:12), 2차 갈릴리 활동(3:13-6:6), 3차 갈릴리 활동(6:7-8:26)으로 나뉘며, 예루살렘 중심 활동은 8장27-15장47절의 말씀으로, 상경기(8:27-10:52), 예루살렘 입성(11:1-13:37), 수난(14:1-15:47)으로 각각 세 부분으로 나누어집니다.

갈릴리 중심 활동: 1장14-8장26절
　　1차 갈릴리 활동(1:14-3:12)
　　2차 갈릴리 활동(3:13-6:6)
　　3차 갈릴리 활동(6:7-8:26)

예루살렘 중심 활동: 8장27-15장47절
　　상경기(8:27-10:52)
　　예루살렘 입성(11:1-13:37)
　　수난(14:1-15:47)

마가복음 1장1-39절의 말씀은 크게 예수님의 공생애 준비와 공생애의 시작에 관한 말씀입니다.

표제(1:1)
　공생애의 준비(1:2-13)
　　1. 세례 요한의 사역
　　2. 세례 받으신 예수님

3. 시험 받으신 예수님

공생애의 시작(1:14-38)

　1. 예수님의 선포

　2. 제자들을 부르심

　3. 예수님의 치유(가버나움의 하루)

요약(1:39)

■ 마가복음 1장1-39절의 구조적 이해

　막 1:1: 표제

　막 1:2-8: 세례 요한의 사역

　막 1:9-11: 세례를 받으신 예수님

　막 1:12-13: 시험을 받으신 예수님

　막 1:14-15: 예수 그리스도의 선포

　막 1:16-20: 제자들을 부르심

　막 1:21-28: 회당에 귀신 들린 자를 고치심

　막 1:29-31: 베드로 장모의 열병을 고치심

　막 1:32-34: 저물 때 병든 자를 고치심

　막 1:35-38: 새벽에 한적한 곳에서 기도하심

　막 1:39: 요약문

1. 마가복음의 예수 그리스도에 대한 소개를 살펴봅시다(1절).

"하나님의 아들 예수 그리스도의 복음의 시작이라"(1절)

마태의 아브라함과 다윗의 자손인 예수 그리스도는 언약의 성취자였습니다(마 1:1). 예수 그리스도께서 하나님의 아들이심은 마태복음에서는 16장에서 베드로의 고백 속에서 증거 됩니다. 그러나 마가복음은 처음부터 예수 그리스도는 하나님의 아들이시며, 이것을 고백함으로 복음을 시작하고 있습니다. 이는 매우 간결하며 직접적인 선언입니다.

상황적으로 로마 황제 네로의 박해가 있었고, 베드로의 순교로 교회가 직접적인 고난의 현장 가운데 있었을 때에 마가복음은 예수 그리스도의 복음의 시작은 이루어졌고 또한 이는 멈추지 않고 계속 진행되고 있음을 선언합니다.

2. 예수님의 공생에 이전의 세 이야기를 살펴봅시다(2-13절).

마가복음은 예수님의 탄생에 대한 이야기나 예수님의 유년기에 대한 어떠한 정보 없이 직접적이며 간결하게 하나님의 사역에 관하여 전합니다. 하나님의 아들 예수 그리스도의 복음의 시작을 선포하며 처음 세 가지 말씀은 예수님의 공생애를 준비하시며 있었던 세 가지 이야기를 간략하게 전합니다. 이는 매우 간결하며 투박하기까지 합니다. 세례 요한의 사역, 예수님의 세례 받으심, 예수님의 시험 받으심입니다. 이 세 가지 이야기는 마태복음과 누가복음을 통해서 자세히 살필 수 있습니다.

  세례 요한의 사역은 예수님의 사역에 관한 소개와 이를 위한 준비에 관하여 알게 하며, 예수님의 세례 받으심을 통해서 죄 없으신 예수 그리스도께서 세례를 받으심으로 인간의 죄를 위하여 대속의 길을 걸으실 그의 사역에 관하여 보여주시며, 예수님의 시험 받으심을 통해서 예수 그리스도의 사역의 승리에 대한 확신을 주십니다. 곧 세례 요한의 사역을 보며 우리는 회개함으로 주님의 행하심을 준비하는 자가 되어야 하며, 예수님의 세례 받으심을 보며 죄인을 구원하시기 위하여 이 땅에 오신 예수 그리스도에 대한 믿음을 가지며, 예수님의 시험 받으심을 보며 믿음에 대한 확신을 가지고 모든 시험에 승리하는 삶을 살아야 할 것입니다.

묵상

01 마가복음의 표제에 관하여 나누어 봅시다.

02 예수님의 공생애 준비에 관하여 나누어 봅시다.

03 마가복음의 특징과 구조에 관하여 나누어 봅시다.

되새김

예수 그리스도는 하나님의 아들이십니다. 이는 공허한 메시지가 아닌 간결하고 투박하지만 비장한 신앙의 고백입니다. 고난의 현장에 있는 성도들에게 이는 위로와 격려가 되며 동시에 위대한 고백이며 선언입니다.

마가복음

본론
(1:14-15:47)

갈릴리 중심 활동
(1:14-8:26)

제2부

제1차 갈릴리 활동
(1:14-3:12)

PART

02

가버나움의 하루
1장14-39절

Key Point

이전 과에서는 예수님의 공생애의 준비에 관하여 전하였습니다. 공생애 준비의 세 사건은 '세례 요한의 사역'과 '예수님의 세례 받으심'과 '시험받으심'이며, 이제 이번 과에서 살펴볼 공생애의 시작은 세 사역으로 '선포'와 '가르침'과 '치유'입니다.

본문 이해

　예수님의 공생애의 준비에 관한 말씀은 매우 간결하며 빠르게 진행되었습니다. 예수님의 탄생 예고와 탄생, 유년기에 대한 언급 없이 빠른 공생애의 준비가 이루어집니다. 공생애의 시작과 예수님의 제1차 갈릴리 사역이 시작됩니다(막 1:14-3:12). 이번 과에서는 공생애를 시작하는 '선포'와 '가르침', '치유'에 관하여 전하며 치유를 중심으로 하는 가버나움의 사역은 이전 과와 달리 하루라는 짧은 시간에 이루어진 사역을 길게 전합니다. 마가복음은 다른 복음서에 비해서 상대적으로 매우 짧은 복음서임에도 불구하고 담긴 몇몇 일화들은 매우 길며 상세히 전하고 있습니다. 마가복음에서 나타나는 긴 일화 중에서 첫 번째가 바로 가버나움의 하루입니다. 특별히 주목하여야 할 것은 마태복음에서 예수님의 주된 사역인 선포와 가르침과 치유 중에서 산상수훈의 말씀을 가장 먼저 말씀하심으로 '가르침'에 관한 강조가 있다면 마가복음에서는 선포와 가르침이 아닌 치유의 사역이 가장 먼저 많은 분량을 통해서 강조하고 있음을 살펴보아야 합니다. 이는 일차적으로 마가복음의 청중들이 처한 상황이 가르침을 받아 세워 나가야 하는 현장이 아닌 핍박과 환난 가운데 위로를 받고 견디어야 하는 상황임을 알 수 있게 합니다.

　특별히 예수님의 치유가 영적인 치유와 육적인 치유로 나타났음을 주목해 보아야 할 것이며, 이러한 치유의 결과에 관하서도 살필 수 있을 것입니다.

1. 예수님의 공생애의 시작을 살펴봅시다(14-20절).

세례 요한의 사역과 예수님의 세례 받으심과 시험받으심으로 공생애를 준비하신 후에 바로 예수님의 공생애에 관하여 전합니다. 예수님의 공생애는 요한이 잡힌 후에 갈릴리에서 하나님의 복음을 전파하심으로 시작됩니다.

"때가 찼고 하나님의 나라가 가까이 왔으니 회개하고 복음을 믿으라"(15절)

복음의 선포에 이어 제자들을 부르셨습니다. 복음의 선포에 이어 제자들을 부르심은 예수님의 사역에 있어서 제자훈련이 얼마나 중요한 것인가를 알게 하십니다. 예수님께서는 그들을 향해 '나를 따라오라 내가 너희로 사람을 낚는 어부가 되게 하리라'고 하셨고 이에 시몬과 그 형제 안드레는 그물을 버려두고, 세베대의 아들 야고보와 요한은 그 아버지 세베대를 품꾼들과 함께 배에 버려 두고 예수님을 따랐습니다.

2. 가버나움 회당에서 사역을 살펴봅시다(21-28절).

예수님의 공생애 사역의 시작에 있어서 특별한 지명으로 가버나움이 등장합니다. 이는 예수님의 초기 사역이 가버나움을 중심으로 이루어졌음을 알 수 있습니다.

예수님께서 안식일에 회당에 들어가 가르치셨습니다. 구별된 날인 안식일은 하나님의 말씀을 배울 수 있는 날입니다. 예수님께서는 어떠한 사역보다도 이 가르침의 사역을 중히 여기셨음을 주목해 보아야 합니다. 많은 사람들이 이적에 관심을 가지나 보다 중요하고 근본적인 것은 말씀입니다. 왜냐하면 이적은 현상에 가까우나 말씀은 본질적인 것이기 때문입니다. 예수님의 가르치심에 뭇 사람이 그의 교훈에 놀랍니다. 이는 그가 가르치시는 것이 권위 있는 자와 같고 서기관들과 같지 않았기 때문입니다.

마침 회당에 더러운 귀신 들린 사람이 있어 소리를 질러 이르기를

"나사렛 예수여 우리가 당신과 무슨 상관이 있나이까 우리를 멸하러 왔나이까 나는 당신이 누구인 줄 아노니 하나님의 거룩한 자니이다"(24절)

마치 이 귀신은 믿음이 좋은 자처럼 고백하였습니다. 그러나 귀신의 고백 가운데 예수는 하나님의 아들도, 다윗의 자손도 아닌 나사렛 예수입니다. 이는 그들에게는 예수님에 대한 경멸의 호칭이 됩니다. 귀신은 예수님께서 오심에 대하여 우리를 멸하러 왔나이까라고 물었습니다. 그러나 예수님께서는 귀신을 멸하러 이 땅에 오신 것이 아니라 죄

인을 구원하시기 위하여 오셨음을 깨달아야 합니다. 귀신의 입장에서는 예수님이 자신들을 멸하러 오신 것으로 여겼지만 예수님께서는 그들을 위함이 아닌 하나님의 백성들을 위하여 이 땅에 오신 것입니다. 귀신은 예수님에게 하나님의 거룩한 자라고 고백하였지만 자신은 더러운 귀신이었습니다. 이는 결국 예수님과 아무 상관이 없음을 알게 합니다.

이에 예수님께서는 꾸짖으시며 '잠잠하고 그 사람에게서 나오라' 명하셨습니다. 더러운 귀신은 그 사람에게 경련을 일으키고 큰 소리를 지르며 나왔습니다. 예수님의 가르치심에 놀랐던 자들은 이번에는 예수님의 사역으로 말미암아 놀라게 됩니다.

"다 놀라 서로 물어 이르되 이는 어찜이냐 권위 있는 새 교훈이로다 더러운 귀신들에게 명한즉 순종하는도다"(27절)

예수의 소문이 곧 온 갈릴리 사방에 퍼졌습니다.

3. 시몬의 장모의 열병을 고치심을 살펴봅시다(29-31절).
가버나움 회당에서의 사건 이후 시간적으로 연속적으로 예수님께서는 야고보와 요한과 함께 시몬과 안드레의 집에 들어갔습니다. 시몬은 벳새다 출신이나 결혼한 후에 가버나움에 산 것으로 여겨지며, 그의 장모는 열병으로 누워 있었습니다. 사람들이 그 여자에 대하여 예수님께 여쭐 때에 예수님께서 그녀의 손을 잡아 일으키시니 열병이 떠나고 여자가 그들에게 수종들었습니다. 예수님께서는 회당에서 귀신을 쫓으실 뿐만 아니라 한 여인에게서 병을 떠나게 하셨습니다.

4. 저물어 해 질 때에 계속 이어진 사역을 살펴봅시다(32-34절).

예수님의 사역은 가버나움의 회당에서부터 시작하여 연속적으로 시몬의 집에서 시몬의 장모의 열병을 고치셨으며 저물어 해 질 때에도 계속 이어졌습니다. 이는 예수님의 한 날의 사역이 쉼이 없이 계속 이어지고 있었음을 보여줍니다. 더 나아가 안식일의 해가 진 후에는 안식일 후가 됨으로 사람들이 더 몰려들게 되었습니다. 왜냐하면 안식일에는 병을 고치는 것조차 일로 여겼기에 예수님께 나아오기를 거리끼던 자들까지도 이제 자유롭게 몰려오게 된 것입니다. 말씀은 온 동네가 그 문 앞에 모였다고 하였습니다. 예수님께서는 각종 병이 든 많은 사람을 고치시고 많은 귀신을 내쫓으셨습니다.

5. 새벽에 예수님의 기도하심을 살펴봅시다(35-38절).

안식일에 하루 온종일 계속된 예수님의 사역과 저녁이 되었을 때에 더 넘치게 된 사역은 아마도 밤늦은 시간까지 이어졌을 것입니다. 그러나 예수님의 다음 날 사역은 새벽 아직도 밝기 전에 시작되었습니다. 자신의 육신의 피곤함으로 쉬셔야 함에도 불구하고 예수님께서는 새벽 아직도 밝기 전에 한적한 곳으로 가서 기도하셨습니다.

시몬과 및 그와 함께 있는 자들이 예수님의 뒤를 따라가 만나 모든 사람이 주를 찾음에 관하여 전하였으나 예수님께서는 '우리가 다른 가까운 마을들로 가자 거기서도 전도하리니 내가 이를 위하여 왔노라'고 하셨습니다. 사람들의 요구를 채우시기 위함이 아닌 하나님께서 그들에게 주시고자 하시는 바를 위하여 이 땅에 오신 것입니다.

6. 예수님의 사역을 요약함을 살펴봅시다(39절).

마가복음의 첫 단락이 되는 1-39절이 말씀은 표제와 예수님의 공생애의 준비, 공생애 사역에 이어 요약의 말씀으로 마무리 됩니다.

예수님께서는 온 갈릴리에 다니시며 그들의 여러 회당에서 전도하시고 또 귀신들을 내쫓으셨습니다.

묵상

01 예수님의 가버나움 하루에 관하여 나누어 봅시다.

02 예수님의 치유가 영육으로 이루어짐에 관하여 나누어 봅시다.

03 예수님의 치유 사역의 능력은 어디로 말미암은 것입니까?

되새김

예수님의 치유 사역은 영적인 사역과 육적인 사역 가운데 나타났습니다. 하나님
의 치유는 악한 영으로부터 자유함을 얻게 하며 하나님 나라를 섬기는 자가 되
게 합니다.

PART

03

나병환자를 고치심
1장40~45절
(마 8:1~4, 눅 5:12-16)

Key Point

1장40-3장12절의 말씀은 마가복음의 주요 메시지인 치유에 관한 말씀입니다. 이 치유는 복음이신 예수 그리스도 가운데 있었던 치유의 권능을 나타낼 뿐만 아니라 그가 누구이신가를 온전히 알게 합니다. 이번 과는 이러한 치유의 말씀 중에 나병환자를 고치심에 관하여 전합니다.

예수님의 치유의 사건은 가버나움의 하루를 통해서 잘 알 수 있습니다. 치유의 사역에 있어, 가버나움의 하루가 예수님께서 어떠한 일을 행하셨는가에 관하여 전한다면 이제 1장40절-3장6절까지의 치유 사역은 그 치유 사건을 통해서 그분은 어떠한 분이신가에 관하여 알게 합니다. 이는 보다 예수님께 향하여 집중케 합니다. 치유 사역의 깊이를 더하는 것입니다. 신앙은 나로부터 시작합니다. 그러나 신앙의 깊이는 하나님을 바라봄에 있습니다.

곧 마태복음의 본격적인 메시지가 5-7장의 산상수훈(teaching)으로부터 시작하며 8-9장의 이적장(healing), 10장의 제자 파송 설교(preaching)로 구성되어 가르침에 관한 말씀이 가장 먼저 언급되었다면 마가복음은 치유에 해당되는 이적들이 먼저 나옵니다. 나병환자를 고치심으로부터 중풍병자와 마지막 손 마른 자를 고치심을 통해서 치유의 권능뿐만 아니라 예수 그리스도가 누구이신가를 알게 하십니다.

한 나병환자가 예수님께 와서 꿇어 엎드려 간구하였습니다. 마태복음은 절하였다고 전하고 누가복음은 엎드리었다고 전합니다. 이는 나병환자의 믿음에 관하여 보여줍니다. 그러나 더욱 보아야 할 것은 나병환자가 아닌 예수님입니다. 그는 과연 어떠한 분이신가를 밝히시는 것입니다. 율법에 나병환자는 부정함으로 격리됩니다(레 13-14장, 민 5:1-4). 그들을 만지는 것은 율법을 반한 행동이며 이로써 부정케 됩니다. 그러나 예수님께서 나병환자를 만지심은 근본적으로 예수님은 다른 존재가 되심을 알게 하십니다. 예수님은 율법에 반한 행동을 하십니다. 이는 율법을 파하심이 아닌 율법의 성취요 완성자가 되심을 밝히시는 것입니다. 예수님은 율법을 초월합니다. 나병환자의 치유 이후에 계속되는 논쟁의 말씀이 이어집니다. 그리고 그들은 결국 어떻게 하여 예수를 죽일까 의논합니다(막 3:6).

■ 마가복음 1장40-3장12절의 구조적 이해
　　막 1:40-45: 나병환자를 고치심
　　막 2:1-12: 중풍병자를 고치심
　　막 2:13-17: 레위를 부르심
　　막 2:18-22: 금식 논쟁
　　막 2:23-28: 인자는 안식일의 주인
　　막 3:1-6: 안식일에 손 마른 자를 고치심
　　막 3:7-12: 요약문

1. 한 나병환자가 예수님께 나아옴을 살펴봅시다(40절).
　　마가복음을 통해서 전해지는 나병환자를 고치심에 말씀에는 나병환자의 행위에 관하여 주목합니다. 마태복음은 나병환자의 고백에 관하여, 누가복음은 나병환자의 병세에 관하여 보다 자세히 전한다면 마가복음을 통해서는 그의 행위에 어떠함에 관하여 전합니다. 나병환자는 예수님께 와서 꿇어 엎드려 간구하였습니다. 그의 간절한 고백이 어떠한 행위를 동반하는가를 잘 보여주시는 것입니다.

2. 한 나병환자를 예수님께서 고치심을 살펴봅시다(41-42절).

한 나병환자가 어떠한 자세로 예수님께 나아갔는가를 살필 수 있다면 반대로 예수님께서 나병환자를 고치시기 전에 그를 향한 예수님의 마음에 관하여 보여주십니다. 예수님께서는 이 나병환자를 불쌍히 여기셨습니다. 그리고 손을 내밀어 그에게 대시며 말씀하셨습니다. '내가 원하노니 깨끗함을 받으라' 이에 곧 나병이 그 사람에게서 떠나고 깨끗하여졌습니다.

주님께서 그의 만지심으로 말미암아 그 몸을 깨끗하게 하셨다면 그리스도의 보혈은 우리의 영혼을 깨끗게 하실 것입니다.

3. 나병환자에게 예수님께서 경고하심과 나병환자의 불순종을 살펴봅시다(43-45절).

예수님께서 나병환자를 고치셨으나 그 고치심을 전하지 못하게 하셨습니다. 이는 한편으로 예수님의 놀라운 치유에도 불구하고 그 치유의 능력이 왜곡될 수 있음을, 다른 한편으로는 예수님께서 아직 자신이 드러나야 할 때가 아니었음을 알게 하십니다. 치유는 귀한 것이나 자칫 사람들은 치유에만 관심을 가질 수 있습니다. 오병이어의 떡을 먹은 자들이 떡을 위하여 예수님께 나아옴과 같은 것입니다. 중요한 것은 그들의 배가 부름이 아니라 참된 떡이 되신 예수님이 누구이신가 하는 것입니다. 동일하게 나병을 고치심을 통해서 예수님께서 참되게 사람들에게 원하시는 것은 예수님께 나아와 그의 만지심을 구하는 것이 아니라 자신의 죄를 회개하고 복음을 믿는 일입니다. 비록 예수님께서 이 나병환자를 불쌍히 여기심으로 그를 고치셨지만 예수님께서 이 치유가 어떻게 진행되어야 하는지에 관하여 말씀하셨습니다.

하나님의 복음은 율법과 대결하지 않습니다. 예수님은 율법의 완성이 되십니다. 그러므로 예수님께서는 이 치유가 율법 안에서 정함을 받게 하셨습니다. 그러나 그 사람이 나가서 주님의 이러한 뜻과 달리 많이 전파하여 널리 퍼지게 하였습니다. 이러한 방법은 주님의 방법이 아니었습니다. 결국 예수님의 치유는 어떠한 사람들에게는 단지 마법이나 주술적인 행위와 같이 사람들의 병을 고치는 신비한 사역으로 전락시킨 것입니다.

01 나병환자의 자세에 관하여 나누어 봅시다.

02 나병환자의 치유를 통해서 알게 하신 예수님에 관하여 나누어 봅시다.

03 예수님께서 침묵을 명하시며 비밀을 유지하게 하심을 나누어 봅시다.

되새김

예수님의 치유는 우리들로 하여금 우리 자신의 모습에서 그리스도를 향하여 바라보게 합니다. 하나님의 치유는 우리들의 영과 육을 치유하실 뿐만 아니라 그분이 어떠한 분이신가를 알게 합니다. 단순한 가르침이 아닌 능력으로 하나님을 나타내는 것입니다.

PART

04

중풍병자를 고치심
2장1~12절
(마 9:1~8, 눅 5:17-26)

Key Point

한 나병환자를 고치시고 수일 후에 예수님께서 다시 가버나움으로 들어가십니다. 이곳에서 예수님께서는 침상에 누운 채로 사람들에 의해서 데리고 나온 중풍병자를 만나 죄 사함을 선포하십니다. 인자에게는 죄 사함의 권능이 있는 것입니다.

본문 이해

앞서 가버나움에서의 하루의 사역을 전하였습니다(막 1:21-39). 예수님께서 다시 가버나움에 들어오실 때에 집에 계시다는 소문이 들렸으며 많은 사람이 모여서 문 앞까지도 들어설 자리가 없게 되었습니다. 마가복음은 누가복음과 더불어 이러한 상황을 마태복음에 비해 보다 자세하게 보여줍니다. 한 나병환자가 어떠한 자세와 행동으로 주님께 나아왔는지를 보인다면 중풍병자의 고치심에는 더욱 자세하게 중풍병자의 친구들의 믿음의 행위를 전합니다. 마태복음은 예수님의 죄 사함의 권세에 집중하며 과감하게 나머지 부분들을 생략하나 마가와 누가의 본문을 통해서 이 중풍병자를 고치심에 관한 전체적인 자세한 이야기를 볼 수 있습니다. 앞선 가버나움에서의 하루에 이어(막 1:21-38) 마가복음의 두 번째로 구체적이며 자세한 일화를 소개합니다.

1. 예수님께서 다시 가버나움에 들어가심을 살펴봅시다(1절).

수일 후에 예수님께서 가버나움에 들어가셨습니다. 소문은 마치 인터넷보다 빠르게 온 동네에 미쳤고 많은 사람이 예수님께 나아와 문 앞에까지 들어설 자리가 없게 되었습니다. 앞서 가버나움 회당에서 귀신 들린 자를 고치셨습니다(막 1:21-27). 특별히 가버나움은 본동네라고 하는데 이는 주님의 사역이 이 가버나움을 중심으로 이루어졌기 때문입니다(마 9:1). 주님께서는 베들레헴에서 태어났지만 그 고향은 베들레

헴이 아닌 갈릴리의 나사렛이었으며 나사렛에서 자랐지만 그는 그곳에서 배척받으시고 오히려 가버나움을 중심으로 복음을 전하여 그 동네는 본동네라 불리게 되었습니다. 그러나 안타까운 것은 하나님의 능력의 역사가 이 본동네에 넘치게 나타났음에도 불구하고 가버나움은 회개하지 않았다는 것입니다.

"가버나움아 네가 하늘에까지 높아지겠느냐 음부에까지 낮아지리라 네게서 행한 모든 권능을 소돔에서 행하였더면 그 성이 오늘날까지 있었으리라 내가 너희에게 이르노니 심판 날에 소돔 땅이 너보다 견디기 쉬우리라 하시니라"(마 11:23-24)

가버나움은 갈릴리 바다의 북서 해안에 위치하여 어업이 번창되어 있고 동서 상업의 요충지이며 세관이 있었고(막 2:14) 로마의 군대가 주둔하고 있었습니다(마 8:5-8). 그러나 가버나움은 그들의 불신으로 말미암아, 그들의 회개하지 않음으로 말미암아 심판의 예고를 받습니다. 결국 가버나움은 로마와 유대인의 전쟁으로 인해 초토화 되어 오늘날 그 흔적은 단지 추정할 수 있는 유적지로 밖에 남아 있지 않습니다. 한때 가버나움이라고 추정했던 칸 민예(Khan Minyeh)의 북동쪽 4km의 텔 훔(Tell Hum)이 오늘날 가버나움이라고 추정되는 것으로 우리는 시대의 격감을 이 가버나움에서 깨달을 수 있는 것입니다. 우리는 회개하여야 할 것이며 오늘 주어진 축복을 상실하는 자가 되어서는 안 될 것입니다. 막연히 모든 것이 잘 되리라는 생각은 결국 불신앙적인 생각일 뿐입니다.

2. 예수님께서 집에 계실 때에 어떠한 일이 일어났습니까?(2-4절)

예수님께서 아마도 시몬과 안드레의 집으로 추정되는 집에 계실 때에 갈릴리 각 마을과 유대와 예루살렘에서 온 바리새인과 율법교사들이 앉았습니다(눅 5:17). 예수님께서는 그들에 '도'를 말씀하셨습니다(2절). 그러나 말씀의 관심과 주제는 예수님께서 가르치신 말씀이 아닌 믿음의 사람들의 이야기를 전해주십니다.

이때에 사람들이 한 중풍병자를 네 사람에 메워 가지고 예수님께 왔습니다. 이 사람들은 많은 사람들로 인하여 예수님께 데려갈 수 없자 지붕으로 올라갔습니다.

믿음은 포기하는 것이 아닙니다. 그들은 그들에게 막힌 길로 인하여 포기하지 않았습니다. 때때로 우리의 믿음의 길이 막힐 때에 우리는 더 큰 믿음을 보일 수 있는 것입니다. 오늘 이 중풍병자의 친구들은 참으로 귀한 믿음의 모습을 우리들에게 보여주는 것입니다.

사람들은 지붕에 올라가 이번에는 지붕을 뜯어 구멍을 내고 중풍병자의 누운 상을 달아 내렸습니다. 이들의 믿음은 포기하지 않는 믿음일 뿐만 아니라 창조적인 믿음입니다. 이들은 아무도 상상할 수 없는 방법으로 예수님을 만나기 위해서 행하였던 것입니다.

하나님께서는 오늘도 우리들의 믿음을 보시며, 더 나아가 우리들의 믿음의 행위를 보십니다. 우리의 작은 행위를 세심하게 놓치지 않고 보시고 있음을 깨달아야 할 것입니다. 이것은 참으로 마가복음이 우리들에게 전해 주는 중요한 메시지입니다.

3. 예수님께서 저들 가운데 보신 것은 무엇입니까?(5절)

주님께서 보신 것은 무엇입니까? 주님께서는 이들의 행위를 보셨습니다. 그들의 행위는 곧 믿음이었습니다. 오늘도 주님께서는 우리들의 믿음을 보십니다.

여기 중풍병자는 이 고마운 친구들에 의해서 큰 감동을 가졌을 것입니다. 만일 주님께서 이 중풍병자의 병을 고치지 못하신다고 하더라도 이미 중풍병자의 마음은 친구들로 인해 큰 감동과 감사가 넘쳤을 것입니다. 그러나 이들은 믿음으로 하나가 되어 있었습니다. 우리는 비단 오늘 이 중풍병자의 친구들의 믿음을 보는 것이 아니라 이들의 믿음으로 말미암아 이 친구들이 다 믿음의 공동체가 되었다는 것을 볼 수 있어야 합니다. 주님께서는 저희들의 믿음을 보셨으며 이제 이 중풍병자에게 "작은 자야 네 죄 사함을 받았느니라"라고 말씀하시는 것입니다.

4. 서기관의 생각에 관하여 살펴봅시다(6-7절).

예수님께서 이 중풍병자에게 말씀하시기를 "소자야 네 죄 사함을 받았느니라"라고 말씀하시자 어떤 서기관들이 마음에 의논하기를 '이 사람이 어찌 이렇게 말하는가 참람하도다 오직 하나님 한 분 외에는 누가 능히 죄를 사하겠느냐' 그러나 이들은 바른 생각에 미치지 못하였습니다. 왜냐하면 하나님 또한 죄를 그저 단순하게 결코 사하시지 않으시기 때문입니다. 그들은 죄의 사함의 권세를 하나님께 두었지만 죄에 대한 바른 이해를 온전히 갖지도 못한 것이었습니다. 이제 주님께서는 저들의 생각을 아시고 말씀하셨습니다.

5. 예수님께서 서기관의 생각에 무엇이라 말씀하셨습니까?(8-10절)

"어찌하여 이것을 마음에 생각하느냐 중풍병자에게 네 죄 사함을 받았느니라 하는 말과 일어나 네 상을 가지고 걸어가라 하는 말 중에서 어느 것이 쉽겠느냐 그러나 인자가 땅에서 죄를 사하는 권세가 있는 줄을 너희로 알게 하려 하노라"(8-10절)

주님의 죄 사함의 권세는 그의 십자가 사건을 근거로 하여 이루어지는 것입니다. 만일 주님의 십자가 사건이 없었다면, 그분의 대속의 사건이 없었다면 믿음의 조상이라고 하는 아브라함도 결코 용서를 받을 수 없었을 것입니다. 주님께서 오늘 말씀을 통해서 가르치시고자 하시는 것은 병을 고치는 능력이 아닌 죄를 사하는 권세에 있는 것입니다.

예수님께서는 사람들의 수준에서 말씀하셨습니다. 죄를 사한다는 것이 영적으로 더 어려움에도 불구하고 육적인 사람들의 수준에서 네 죄가 사하여졌느니라는 말보다는 네 상을 가지고 걸어가라는 말이 더 어려운 말이 됩니다. 이제 주님께서는 이 중풍병자의 병을 고치심으로 말미암아, 즉 사람들에게 보이는 더 어려운 일을 행하심으로 말미암아, 진정으로 어려운 죄 사함의 권세를 사람들에게 가르치시고 사람들에게 나타내시고자 하시는 것이 바로 주님의 뜻인 것입니다.

6. 중풍병자의 치유를 살펴봅시다(10-12절).

예수님께서는 중풍병자에게 내가 네게 이르노니 일어나 네 상을 가지고 집으로 가라 하셨습니다. 예수님의 말씀에 중풍병자는 일어나 곧 상을 가지고 모든 사람들 앞에서 나갔습니다. 이에 그들이 다 놀라 하나님께 영광을 돌리며 우리가 이런 일을 도무지 보지 못하였다 하였습니다.

사람들이 본 권능은 중풍병자가 고침을 받은 권능입니다. 그러나 이 사건 속에 이루어진 권능은 죄 사함의 권능입니다.

주님께서는 중풍병자에게 이렇게 말씀하셨습니다. "작은 자야 안심하라 네 죄 사함을 받았느니라"(5절)

우리는 우리의 병이 치유가 되었다고 좋아할 것이 아니라 우리의 죄가 사함 받았음을 감사하여야 합니다. 우리는 우리의 육신의 병의 고침을 위하여 노력할 것이 아니라 우리의 죄를 바라보며 사함을 받기를 사모하여야 합니다. 주님께서 이 땅에 오심은 우리의 육신의 병을 치유하시기 위함이 아니라 우리의 죄를 사하시기 위하여 그 죄의 짊을 지시기 위하여 이 땅에 오셨음을 기억하여야 합니다. 우리의 영적인 병을 치유하시기 위하여 이 땅에 오신 것입니다. 그 누구도, 이 땅의 그 누구도 치유할 수 없는 영적인 병을 고치시려 오신 것입니다.

묵상

01 중풍병자의 친구들이 겪었던 어려움들을 나누어 봅시다.

02 중풍병자의 친구들의 믿음을 나누어 봅시다.

03 죄 사함의 권능이 주께 있음에 관하여 나누어 봅시다.

되새김

중풍병자의 친구들은 자신의 문제가 아닌 친구의 문제를 가지고 예수님께 나아 갔습니다. 네 사람의 친구들은 동일한 마음과 사랑과 믿음으로 주님께 나아가는 놀라운 믿음을 보여줍니다. 주님께서는 이 일을 통해서 한편으로 그들의 믿음을 칭찬하시며 다른 한편으로 인자에게 죄를 사하는 권세가 있음을 알게 하십니다.

PART

05

레위를 부르심과 금식 논쟁
2장13~22절
(마 9:9~17, 눅 5:27-39)

Key Point

중풍병자를 고치심으로 예수님께 죄를 사하는 권세가 있음을 알게 하셨다면 이제는 레위를 부르심으로 병든 자에게 의사가 필요하듯 주님께서는 의인을 부르러 오신 것이 아니라 죄인을 부르러 오심을 알게 하십니다.

본문 이해

중풍병자를 고치심의 말씀으로부터 레위(마태)를 부르심의 말씀과 금식 논쟁은 마태복음, 마가복음, 누가복음에서 모두 연속적으로 전합니다. 이는 죄 사함의 권세에서 새로운 삶에 대한 가르침이 됩니다.

1. 예수님께서 다시 바닷가에 나가심을 살펴봅시다(13절).

레위(마태)를 부르심에 대한 배경으로 마가복음은 먼저 예수님께서 다시 바닷가에 나가셨다고 전합니다. 바닷가는 예수님의 주요 사역지 중의 하나입니다(막 1:16, 4:1). 이는 회당에서 가르치실 뿐만 아니라 바닷가라는 삶의 현장으로 찾아오셔서 복음을 전하심을 보여주시는 것입니다. 마가복음은 이처럼 행동하시는 예수님을 보여줍니다. 예수님께서 바닷가에 나가셨을 때에 큰 무리가 나왔으며 예수님께서는 그들을 가르치셨습니다.

2. 예수님께서 알패오의 아들 레위를 부르심을 살펴봅시다(14절).

마태복음에서는 마태라고 전하지만 마가복음과 누가복음은 '레위'라고 전합니다. 마태는 '하나님의 선물'이라는 헬라식 이름이며, 그 이전에 마태는 유대식 이름으로 레위라 불렸습니다. 세리 마태를 레위라고 부름과 그의 이름을 제자 명단에서 도마보다 앞세움은 마태에 대한 존중함입니다. 세관에 앉아 있던 레위는 예수님의 '나를 따르라'는 말씀에 일어나 따릅니다.

3. 예수님께서 레위와 가지신 식탁 교제를 살펴봅시다(15절).

레위(마태)를 부르신 예수님께서는 그의 집에서 식탁 교제를 가지셨습니다. 죄 사함의 권세로 논쟁 가운데 있었던 주님께서는 죄인들과 함께 식탁 교제를 가짐으로 더욱더 큰 비판과 비난에 놓이게 됩니다. 세리와 죄인들로서 예수님을 따르는 자들은 많았습니다.

4. 바리새인의 서기관들의 비난과 예수님의 답변을 살펴봅시다(16-17절).

예수님께서 세리와 죄인들과 함께 식탁 교제를 나누심에 대하여 바리새인과 서기관들이 비난하였습니다. 이에 예수님께서는

"건강한 자에게는 의사가 쓸 데 없고 병든 자에게라야 쓸 데 있느니라 나는 의인을 부르러 온 것이 아니요 죄인을 부르러 왔노라"(17절)

고 하셨습니다. 이에 마태복음과 누가복음 좀 더 풍성한 본문을 전합니다.

"너희는 가서 내가 긍휼을 원하고 제사를 원하지 아니하노라 하신 뜻이 무엇인지 배우라"(마 9:13)

"내가 의인을 부르러 온 것이 아니요 죄인을 불러 회개시키려 왔노

라"(눅 5:32)

5. 금식 논쟁에 관하여 살펴봅시다(18-22절).

세리 마태를 부르심의 이야기는 자연스럽게 금식 논쟁으로 이어집니다. 세리와 죄인들과 함께 잡수시느냐는 저들의 비난은 멈추어지지도 거두어지지도 않았습니다. 그들은 또 다른 방향으로 논쟁을 이끌고 나아가게 됩니다. 먹음에 대한 문제가 먹지 않음에 대한 문제입니다.

유대인들은 금식하는 때가 있었습니다. 유대 민족은 속죄일에 금식하였고(레 16:29), 예루살렘 파멸을 기억하며 나흘간 금식하기도 하였습니다(슥 7:3-5; 8:19). 바리새인들은 민족을 위한 정기적인 금식이 화요일과 목요일에 있었으며 이 외에도 개인의 경건을 위한 금식 기간이 있었습니다. 하나의 절기를 보냄과 같이 이들은 금식하며 경건하게 보내었습니다.

예수님의 제자들이 금식하지 않는다고 비판하지만 우리 예수님께서 하셨던 금식을 기억하여야 할 것입니다. 예수님께서는 40일 동안 광야에서 금식하셨고 마지막 만찬에서 금식을 결단하셨습니다. 금식할 때에 은밀히 하라고 가르쳐 주시기도 하였습니다. 곧 예수님께서는 금식 자체를 금하시지 않았음을 알 수 있습니다. 초대 교회의 경우에 있어서도 금식기도가 있었습니다(행 13:2-3, 14:23, 9:9; 고후 11:27, 고후 6:5). 그러므로 우리는 금식기도 자체가 그리스도교와 동떨어진 경건의 형태는 아님을 알 수 있습니다.

따라서 금식 논쟁은 금식 자체에 대한 논쟁일 수 없습니다. 금식 자체를 논쟁의 주제로 사용하였지만 우리는 이 논쟁을 통해서 더 깊이 있는 교훈에 이르러야 할 것입니다.

"새 포도주는 새 부대에"(22절)

이는 새로운 삶에 대한 가르침입니다. 죄 사함을 받고 부르심을 받은 자들은 복음 안에서의 옛 생활이 아닌 새로운 삶으로 인도함을 받습니다.

금식 논쟁에 대한 추가 이해는 마태복음 성경교재를 참고 바랍니다.

묵상

01   예수님께서 다시 바닷가에 나가심에 관하여 나누어 봅시다.

02   예수님께서 레위를 부르심에 관하여 나누어 봅시다.

03   금식에 관하여 교훈을 나누어 봅시다.

되새김

레위를 부르심 가운데 주신 교훈은 건강한 자에게는 의사가 쓸 데 없고 병든 자에게라야 쓸데 있느니라 나는 의인을 부르러 온 것이 아니요 죄인을 부르러 왔노라 하심입니다. 죄를 비난하고 정죄하는 것이 아닌 돌이켜 회개하게 하심으로 부르시는 것이 하나님 나라의 일입니다.

PART

06

안식일 논쟁
2장23~3장12절
(마 12:1~14, 눅 6:1-11)

Key Point

이번 과는 안식일의 두 대표적인 논쟁인 밀 이삭 사건과 손 마른 자를 고치심에 관한 말씀입니다. 치유는 병든 자를 고치실 뿐만 아니라 치유를 행하시는 이가 누구이신가를 알게 합니다. 안식일의 논쟁은 주님께서는 안식일의 주인이 되시며 주인 되신 그분이 선한 일을 행하심을 보게 합니다.

나병환자를 고치심으로부터 안식일에 손 마른 자를 고치심까지의 말씀은 마가복음과 누가복음에서 함께 연속적으로 전합니다. 이는 1차 갈릴리 사역의 주된 내용입니다.

나병환자를 고치심
중풍병자를 고치심
마태(레위)를 부르심
금식 논쟁
인자는 안식일의 주인
안식일에 손 마른 자를 고치심

그리고 이러한 말씀 후에 제자를 세우심의 말씀으로 이어집니다. 안식일의 두 논쟁인, 제자들이 밀 이삭을 잘라먹은 이야기와 안식일에 손 마른 자를 고치심에 대한 말씀을 마태복음은 분리하여 제자 파송 설교 후에 예수님을 배척하는 본문과 단락 가운데 위치해 있으나 이는 신학적인 가르침을 우선하며 시간적인 순서에 자유로운 마태복음의 특징이며 제1차 갈릴리 사역의 주요 사건이 되는 나병환자를 고치심으로부터 안식일에 손 마른 자를 고치심의 말씀은 함께 보아야 할 것입니다. 마가복음은 이 모든 일을 전한 후에 사역을 요약하며 마무리합니다.

1. 첫 번째 안식일 논쟁으로 인자는 안식일의 주인 되심을 살펴봅시다(23-28절).

안식일에 예수님께서 밀밭 사이로 지나가실 때에 제자들이 밀의 이삭을 잘라먹은 안식일 논쟁에 관한 말씀은 마태복음을 통해서 더욱 자세히 확장하여 전하며 마가와 누가복음은 단편적인 핵심만을 전합니다.

"인자는 안식일의 주인이니라"(28절)

마태복음은 이 핵심적 메시지에 두 가지 메시지를 더하여 전합니다.

1. 성전보다 더 큰 이
2. 나는 자비를 원하고 제사를 원하지 아니하노라
3. 인자는 안식일의 주인이니라

"또 안식일에 제사장들이 성전 안에서 안식을 범하여도 죄가 없음을 너희가 율법에서 읽지 못하였느냐 내가 너희에게 이르노니 성전보다 더 큰 이가 여기 있느니라"(마 12:5-6)

"나는 자비를 원하고 제사를 원하지 아니하노라 하신 뜻을 너희가 알았더라면 무죄한 자를 정죄하지 아니하였으리라"(마 12:7)

"인자는 안식일의 주인이니라 하시니라"(마 12:8)

마가복음은 이렇게 확장된 안식일 논쟁에 있어서 그 핵심만을 전합니다.

"안식일이 사람을 위하여 있는 것이요 사람이 안식일을 위하여 있는 것이 아니니 이러므로 인자는 안식일에도 주인이니라"(막 2:27-28)

안식일은 하나님께서 엿새 동안 세상과 만물을 창조하시고 제정하신 일곱째 날입니다. 하나님께서 이 안식일을 제정하셨기에 삼위일체 하나님이신 주님 또한 이 안식일의 주인이 되신 것입니다. 주께서 이 안식일을 제정하셨기 때문입니다.

또한 주께서 이 안식일을 무엇을 금하는 날이 아니라 모든 것을 기념하고 쉼을 주시는 축복의 날이 되게 하셨습니다. 출애굽기에는 이 날의 기념을 하나님의 창조에 두고 있으나 신명기의 말씀을 통해서는 한 가지 더 가르치는데 그것은 이스라엘의 출애굽을 기념케 하셨습니다. 오늘날 우리들에게는 이 모든 것의 원형이 되는 하나님의 구원을 기념하며 감사의 날이 된 것입니다. 이처럼 안식일은 쉼의 날이요 기념의 날이요 축복의 날입니다.

구약의 안식일은 이미 신약에 폐하여졌음을 알아야 합니다. 구약의 안식일은 율법이며 이는 지키지 않으면 죄와 심판과 저주가 있게 됩니다. 신약의 성도들은 이러한 구약적인 의미에서 주일을 지키는 것이 아님을 분명히 하여야 합니다.

"내가 그의 모든 희락과 절기와 월삭과 안식일과 모든 명절을 폐하 겠고"(호 2:11)

"그러므로 먹고 마시는 것과 절기나 초하루나 안식일을 이유로 누구 든지 너희를 비판하지 못하게 하라 이것들은 장래 일의 그림자이나 몸 은 그리스도의 것이니라"(골 2:16-17)

"너희가 날과 달과 절기와 해를 삼가 지키니 내가 너희를 위하여 수고 한 것이 헛될까 두려워하노라"(갈 4:10)

구약의 다른 절기가 폐하여짐과 마찬가지로 안식일 또한 폐하여졌 습니다. 안식일의 완성은 이제 부활의 날입니다. 우리는 그 날을 지키 지 못함으로 말미암아 심판의 두려움 속에 있는 것이 아니라 주님의 부 활 속에 이미 영생을 소유하게 되는 것입니다. 그러므로 우리가 주일을 지킴은 안식일을 대신한 것이 아니라 감사와 은혜로 지키는 것입니다.

2. 안식일에 손 마른 자를 고치심을 살펴봅시다(3장1-6절).

안식일에 제자들이 밀 이삭을 잘라먹은 일로 통해서 안식일의 주인 이신 주님께서 사람이 안식일을 위하여 있는 것이 아니며 안식일이 사 람을 위하여 있는 날임을 알게 하셨다면 더 나아가 안식일에 한쪽 손 마른 자를 고치심을 통해서 안식일에 선을 행함이 옳음을 가르치십니다.

그러나 마가복음은 이를 직접적으로 가르치시지 않으시고 그들에게 물으십니다. 곧 마태복음에는 사람들의 질문이 있으나 마가복음에는 예수님의 질문이 있습니다.

마태복음: "사람들이 예수를 고발하려 하여 물어 이르되 안식일에 병 고치는 것이 옳으니이까"(마12:10)

마가복음: "예수께서 손 마른 사람에게 이르시되 한 가운데에 일어 서라 하시고 그들에게 이르시되 안식일에 선을 행하는 것과 악을 행 하는 것, 생명을 구하는 것과 죽이는 것, 어느 것이 옳으냐 하시니"(막 3:3-4절)

누가복음: "예수께서 그들의 생각을 아시고"(눅 6:8)

예수님께서는 그들의 마음이 완악함을 탄식하며 노하십니다. 한편으 로 예수님의 치유의 권능이 나타나셨으나 다른 한편으로 그분의 진노 를 보이신 것입니다. 그러나 완악한 자들은 깨닫지 못하고 도리어 더욱 악을 쌓았습니다.

"바리새인들인 나가서 곧 헤롯당과 함께 어떻게 하여 예수를 죽일까

의논하니라"(막 3:6)

예수님의 죽음에 대한 암시, 그림자는 일찍부터 나타납니다. 예수님의 이 땅의 삶은 시간적으로, 장소적으로 죽음을 향한 여정입니다.

3. 예수님의 사역을 요약함을 살펴봅시다(7-12절).

3장7-12절의 말씀은 예수님의 제1차 갈릴리 사역을 마무리하며 요약합니다. 예수님께서는 다시 그분의 하나의 복음 사역의 현장인 바다로 가실 때에 갈릴리에서 큰 무리가 따르며 유대와 예루살렘과 이두매와 요단 강 건너편과 또 두로와 시돈 근처에서 많은 무리가 예수님께서 행하신 큰 일을 듣고 나아왔습니다.

예수님께서 많은 사람을 고치심으로 병으로 고생하는 자들이 예수님을 만지고자 하여 몰려왔으며 예수님께서는 많은 무리가 에워싸 미는 것을 피하기 위하여 작은 배를 대기하도록 명하셨습니다.

병을 고치실 뿐만 아니라 더러운 귀신들도 어느 때든지 예수님을 보면 그 앞에 엎드려 부르짖어 '당신은 하나님의 아들이니이다' 하였고 예수님께서는 자기를 나타내지 말라고 많이 경고하셨습니다.

묵상

01 인자는 안식일의 주인 되심에 관하여 나누어 봅시다.

02 안식일에 선을 행함에 관하여 나누어 봅시다.

03 안식일의 두 논쟁인, 밀밭 논쟁과 손 마른 자를 고치심의 말씀을 비교하여 봅시다.

되새김

두 안식일의 논쟁에 관한 말씀은 제1차 갈릴리 사역의 마무리가 됩니다. 이를 통해서 예수 그리스도는 누구이신가를 확연히 밝히십니다. 인자는 안식일의 주인이시며, 그분은 선을 행하시는 분이십니다. 그러나 이로 말미암아 유대 지도자들은 예수님을 죽일 것을 의논하기 시작합니다.

마가복음

제3부

제2차 갈릴리 활동
(3:13-6:6)

PART

07

열 두 제자를 세우심
3장13~35절

Key Point

마가복음 3장13절로부터 6장6절은 예수님의 제2차 갈릴리 사역의 말씀입니다. 제자들을 부르심으로 첫 번째 갈릴리 사역을 시작하신 예수님께서는 제자들을 세우심으로 두 번째 갈릴리 사역을 행하십니다. 이번 과는 두 번째 갈릴리 사역의 서두로 예수님께서는 친지와 가족, 더 나아가 고향 사람들인 나사렛 사람들에게까지 불신과 배척함을 받습니다.

마가복음은 예수님의 1-3차 갈릴리 사역을 제자들을 부르심과 세우심과 파송하심으로 구분 짓습니다. 곧 마가복음에서 열 두 제자를 세우심의 말씀은 예수님의 제2차 갈릴리 사역의 시작을 의미합니다. 그러나 이러한 사역의 첫 번째 난관은 예수님의 친족들의 불신입니다. 혈육적으로 가장 가까이에 있는 사람들로부터 신뢰를 받지 못하셨으며 이러한 불신은 가족들의 불신과 더 나아가 마지막으로 고향 사람들인 나사렛 사람들의 불신으로 매듭됩니다(막 6:1-6).

성막이 외양적으로는 볼품이 없다고 할지라도 그 내부의 화려함과 고귀함을 보여주듯이 예수님의 제2차 갈릴리 사역은 사람들의 불신과 배척에도 불구하고 주님의 말씀과 그 권능을 나타내십니다.

곧 마가복음 4장1-34절은 비유를 통한 가르침에 관한 말씀이며 4장 35-5장43절의 말씀을 통해서는 예수님의 권능이 자연 만물과 영의 세계를 다스리실 뿐만 아니라 우리의 육신의 질병과 죽음으로부터 건지심을 보이십니다.

이번 과는 제2차 갈릴리 사역의 시작이 되는 제자들을 세우심으로부터 친족들의 불신과 바알세불 논쟁, 가족들의 불신의 말씀까지 전합니다.

■ 마가복음 3장13-6장6절의 구조적 이해

막 3:13-19: 열 두 제자를 세우심

막 3:20-21: 예수님 친족들의 불신

막 3:22-30: 바알세불 논쟁

막 3:31-35: 예수님 가족들의 불신

막 4:1-9: 씨 뿌리는 자의 비유

막 4:10-20: 씨 뿌리는 자의 비유 해석

막 4:21-23: 등불 비유

막 4:24-25: 들음에 대한 권면

막 4:26-29: 스스로 자라는 씨 비유

막 4:30-32: 겨자씨 비유

막 4:33-34: 비유로 가르치심

막 4:35-41: 풍랑을 잔잔케 하신 예수님

막 5:1-20: 거라사 귀신 들린 자를 고치심

막 5:21-24: 야이로의 간구

막 5:25-34: 혈루증 여인을 고치심

막 5:35-43: 야이로의 딸을 살리심

막 6:1-6a: 나사렛에서 배척받으신 예수님

막 6:6b: 요약

1. 예수님께서 열두 제자들을 세우심을 살펴봅시다(13-19절).

예수님께서 산에 올라 자기가 원하는 자들을 부르시니 나왔습니다. 이에 열둘을 세우셨으니 이는 두 가지 목적을 가집니다. 첫째, 그들과 함께 하시기 위함입니다. 두 가지 목적 중에 먼저 선행되는 것으로 제자로 부르심을 받은 자는 먼저 깊이 있는 주님과의 교제가 선행되어야 하는 것입니다. 둘째, 제자들을 보내사 전도도 하며 귀신을 내쫓는 권능도 주시기 위함입니다. 예수님께서는 제자들을 부르시고 세우실 때부터 파송함을 염두하고 계셨음을 주목해 보아야 합니다.

예수님께서 제자들을 세우심의 병행 구절은 마태복음 10장1-4절, 누가복음 6장12-16절입니다. 특별히 12제자의 명단에 있어 마가복음의 특징은 안드레의 이름을 베드로와 함께 두지 않고 4번째에 위치합니다. 이는 혈연으로 말미암은 것이 아닌 중요도에 의한 것으로 여겨집니다.

시몬에게는 베드로란 이름을 더하셨고, 세베대의 아들 야고보와 야고보의 형제 요한에게는 보아너게 곧 우레의 아들이란 이름을 더하셨으며 안드레와 빌립과 바돌로매와 마태와 도마와 알패오의 아들 야고보와 및 다대오와 가나나인 시몬이며 또 예수를 판 자인 가룟유다입니다.

1. 베드로 2. 야고보 3. 요한 4. 안드레 5. 빌립 6. 바돌로매
7. 마태 8. 도마 9. 야고보 10. 다대오 11. 시몬 12. 가룟 유다

2. 예수님의 친족들의 배척을 살펴봅시다(20-21절).

이번 단락은 열두 제자들을 세우심으로 제2차 갈릴리 사역이 본격적으로 시작됨을 알립니다. 2차 갈릴리 사역은 두 가지 이전과 다른 특징을 가집니다. 첫째, 첫 번째 사역보다 더 규모면에 있어서 커졌습니다. 예수님께서 집에 들어가실 때에 이전보다 더 많은 사람들이 모였고 무리가 다시 모이므로 식사할 겨를도 없었습니다(막 6:31). 둘째, 예수님의 사역은 배척을 받기 시작하였습니다. 가장 가까운 친족들이 듣고 예수님을 붙들러 나왔습니다. 그들은 말하기를 예수님이 미쳤다고 하였습니다. 가장 가까운 친족으로부터 배척을 받으셨습니다. 예수님께서 이처럼 친족에게 받으신 배척은 친족과 가족과(마 3:31-35) 고향으로 확대됩니다(마 6:1-6). 예수님의 제2차 갈릴리 사역은 친족들의 배척으로부터 시작하여 고향의 배척으로 마무리됩니다.

"예수께서 그들에게 이르시되 선지자가 자기 고향과 자기 친척과 자기 집 외에서는 존경을 받지 못함이 없느니라"(막 6:4)

3. 바알세불 논쟁에 관하여 살펴봅시다(22-30절).

바알세불 논쟁에 대한 자세한 배경과 이야기는 마가복음에서는 많은 부분 생략됩니다. 그러나 이 논쟁을 일으킨 자들이 마가복음은 예루살렘에서 내려온 서기관들임을 밝힙니다. 곧 예수님에 대한 소문은 예루살렘까지 이르렀으며 예루살렘의 배척함이 이루어집니다.

바알세불 논쟁에 관한 자세한 내용은 마태복음 성경교재를 참고 바랍니다.

4. 예수님의 가족들의 불신앙에 관하여 살펴봅시다(31-35절).

예수님의 제2차 갈릴리 사역은 친족들의 배척과 예루살렘에서 내려온 서기관들에 의한 바알세불 논쟁에 이어 계속되는 예수님의 가족들의 불신앙을 맞게 됩니다. 예수님이 어머니와 동생들이 와서 예수님을 부름은 많은 배척 가운데 있었던 주님을 위한 염려로 말미암은 것이지만 이 또한 불신앙일 뿐입니다.

"누가 내 어머니이며 동생들이냐 하시고 둘러 앉은 자들을 보시며 이르시되 내 어머니와 내 동생들을 보라 누구든지 하나님의 뜻대로 행하는 자가 내 형제요 자매요 어머니이니라"(33-35절).

01 예수님의 12제자들에 관하여 나누어 봅시다.

02 예수님을 불신한 사람들은 어떠한 사람들입니까?

03 참된 영적 가족에 관하여 나누어 봅시다.

되새김

제자들을 세우심으로 시작된 두 번째 갈릴리 사역은 가장 가까이에 있는 사람들로 신뢰를 받지 못하였습니다. 이는 저 세상을 향한 메시지가 아닌 믿음의 자녀들에게 주시는 교훈입니다. 믿음은 저 세상이 가져야 할 것이 아니라 바로 믿는 우리 자신에게 있어야 할 바가 됩니다.

PART

08

비유로 말씀하신 예수님
4장1~34절

Key Point

두 번째 갈릴리 사역의 서두에서는 불신하는 자들에 관하여 보여주었습니다. 이제 이번과는 하나님의 말씀에 관하여 가르침을 받게 하십니다. 마태복음에 비하여 많은 분량은 아니지만 말씀에 대한 가르침은 제2차 갈릴리 사역 가운데에서도 가장 중심적인 위치를 가집니다.

본문 이해

    마태복음 13장의 천국 비유의 말씀은 전체 마태복음 가운데 가장 중심적인 위치를 가집니다. 동일하게 마가복음의 제3차에 걸친 예수님의 갈릴리 사역 가운데에서도 마가복음 4장의 비유장은 한 가운데에 위치하고 있습니다. 마태복음 13장이 비유장으로 8개의 비유들로 구성되어 있으며 그 구조가 탄탄하다면 마가복음 4장의 비유장 또한 매우 정교한 구조로 이루어져 있습니다.

■ 마가복음 4장1-34절의 구조적 이해

    a. 비유로 말씀하심(막 4:1-2)

      b. 씨 뿌리는 자의 비유(막 4:3-9)

        c. 제자들의 질문과 예수님의 답변: 외인들을 향한 경고

          (막 4:10-12)

          d. 씨 뿌리는 자의 비유 해석(막 4:13-20)

          d'. 등불 비유와 해석(막 4:21-23)

        c'. 들음에 관한 예수님의 가르침: 제자들을 향한 권면

          (막 4:24-25)

      b'.: 자라나는 씨 비유, 겨자씨 비유(막 4:26-29, 30-32)

    a'. 비유가 아니면 말씀하시지 않으심(막 4:33-34)

1. 예수님께서 바닷가에서 가르치심을 살펴봅시다(1-2절).

예수님께서 다시 바닷가에서 가르치셨습니다. 바닷가는 예수님의 주요 사역지 중의 하나로 이는 예수께서 사람들의 삶의 현장으로 찾아오셔서 그들에게 가르치심을 알게 하십니다. 예수님께서는 회당에서 가르치셨을 뿐만 아니라 바닷가에서 가르치셨습니다. 앞서 바닷가에 가르치실 때에도 에워싸 미는 것을 피하기 위하여 작은 배를 대기시키신 바 있는데(막 4:9), 동일하게 예수님께서는 바다에 떠 있는 배에 올라 바닷가 육지에 있는 사람들을 향하여 가르치셨습니다. 특별히 예수님께서는 여러 가지를 비유로 가르치셨습니다.

2. 씨 뿌리는 자의 비유를 살펴봅시다(3-20절).

씨 뿌리는 자의 비유는 씨 뿌리는 자의 비유(3-9절)와 제자들의 질문과 예수님의 답변(10-13절), 씨 뿌리는 자 비유의 해석(14-20절)으로 나누어집니다. 씨 뿌리는 자의 비유는 단순히 여러 비유 중의 하나가 아닌 다른 비유들을 해석함에 있어 기준을 제시합니다.

"너희가 이 비유를 알지 못할진대 어떻게 모든 비유를 알겠느냐"(13절)

이는 단순히 어떠한 수준을 나타내는 것이 아닌 모든 비유의 연관성을 고려할 때에 씨 뿌리는 자의 비유가 다른 비유들의 해석에 열쇠가 됨을 알 수 있는 것입니다.

마가복음 4장의 씨 뿌리는 자의 비유에서 주목할 것은 이 씨 뿌리는 자의 비유의 주제입니다. 씨 뿌리는 자의 비유는 마태복음과 누가복음에 모두 기록되어 있습니다. 그러나 마가복음의 특징은 이 비유의 시작과 마지막에 있습니다. 마가복음은 마태와 누가복음에 없는 '들으라'는 단어로부터 시작하여 '들으라'는 단어로 끝이 납니다. 이는 씨 뿌리는 자의 비유의 메시지이며, 4장 전체의 메시지가 됩니다. 곧 이후의 비유들 또한 이 들음에 대한 메시지의 연장입니다.

씨 뿌리는 자 비유의 구체적인 내용과 메시지는 마태복음 성경교재를 참고 바랍니다.

3. 등불 비유와 들음에 관하여 살펴봅시다(21-25절).

등불 비유는 마태복음에서는 산상수훈의 말씀에 따로 기록하였습니다. 그러나 마가복음과 누가복음에서는 씨 뿌리는 자의 비유와 연속적입니다. 곧 본래의 형태는 씨 뿌리는 자의 비유에 연속된 것으로 여길 수 있습니다.

21-25절까지의 말씀은 씨 뿌리는 자의 비유에 연속으로 세 번에 걸쳐 말씀 들음에 자세에 관하여 강조합니다. 첫째, 사람이 등불을 가져오는 것은 등경 위에 두려 함입니다. 예수님께서 비유로 말씀하심은 감추시기 위함이 아니라 그들로 하여 밝히 알고 깨닫게 하시기 위함입니다. 숨긴 것은 다 드러나게 될 것이며, 감추인 것은 나타나게 될 것입니다.

둘째, '들을 귀 있는 자는 들으라'라 말씀하셨습니다. 귀를 주심은 듣지 못하게 하심이 아니라 듣게 하시기 위함입니다. 이제 우리의 귀는 들을 귀가 되어야 합니다. 셋째, 무엇을 듣는가 스스로 삼가라 하였습니다. 이는 듣는 자의 자세로 주의 깊으며, 사려 깊게 들어야 함을 가르치시는 것입니다. 이러한 주의 깊음은 더 많은 것을 받게 될 것입니다. 그러나 주의하지 않고 사려 깊지 않음은 그 있는 것까지 빼앗기게 될 것입니다.

"또 이르시되 너희가 무엇을 듣는가 스스로 삼가라 너희의 헤아리는 그 헤아림으로 너희가 헤아림을 받을 것이며 더 받으리니 있는 자는 받을 것이요 없는 자는 그 있는 것까지도 빼앗기리라"(24-25절)

4. 자라나는 씨의 비유를 살펴봅시다(26-29절).

자라나는 씨의 비유는 씨 뿌리는 자의 비유와 비교할 때에 차이점과 공통점이 있습니다. 먼저 차이점은 씨 뿌리는 자의 비유에서 주된 메시지는 씨에 있지 않고 밭에 있습니다. 사람의 마음에 해당된 그 밭이 어떠한 밭이 되어 말씀을 받느냐에 따라 길가, 돌짝 밭, 가시떨기, 좋은 밭이 되어 30배, 60배, 100배의 결실을 맺습니다. 그러나 자라나는 씨의 비유에서는 주된 메시지는 인간의 관여에 초월하여 씨 자체에 생명력이 있음을 밝히시는 것입니다. 씨 뿌리는 자의 비유에서 씨를 뿌리는 자는 하나님이십니다. 그러나 자라나는 씨의 비유에서 씨를 뿌리는 자는 사람입니다. 곧 씨 뿌리는 자의 비유에서는 말씀을 받는 자가 좋은 밭이 되어 하나님의 말씀을 받아야 한다면 자라나는 씨의 비유에서는 말씀을 전하는 자는 하나님의 주권적인 역사를 믿고 신뢰하며 기다리고 맡기며 감사할 뿐입니다. 공통점은 두 비유가 다 하나님 나라에 관한 비유이며 씨를 하나님의 말씀으로 여긴다는 것입니다. 두 비유를 통해서 우리는 한편으로 좋은 밭이 되어 하나님의 말씀을 받아야 할 것이며, 다른 한편으로 말씀의 씨앗을 뿌리는 자가 되어 하나님께서 행하심을 신뢰하며 맡기며, 인내하며 기다릴 수 있어야 할 것입니다.

이처럼 만일 이 스스로 자라나는 비유의 핵심적인 가르침이 씨 자체가 가진 능력에 둔다면 앞선 비유와 마찬가지로 들음에 관한 강조의 말씀으로 여길 수 있습니다. 중요한 것은 씨를 뿌림이 아닙니다. 스스로 열매를 맺는 씨앗을 통해서 하나님의 생명의 말씀에 능력이 있음을 믿고 말씀을 받음에 주의하여야 하는 것입니다.

5. 겨자씨 비유를 살펴봅시다(30-32절).

겨자씨 비유에 관한 구체적인 내용은 마태복음 성경교재를 참고 바랍니다.

6. 예수님께서 비유로 말씀하심을 살펴봅시다(33-34절).

예수님께서는 마가복음 4장에 기록된 이상으로 가르치셨습니다(막 4:2). 예수님께서는 많은 비유로 그들이 알아들을 수 있는 대로 말씀을 가르치셨습니다. 여전히 말씀을 들음에 끝까지 강조합니다. 예수님께서는 비유가 아니면 말씀하지 아니하시고 다만 혼자 계실 때에 그 제자들에게 모든 것을 해석하여 주셨습니다.

묵상

01 씨 뿌리는 자의 비유와 메시지에 관하여 나누어 봅시다.

02 비유의 두 가지 특징은 무엇입니까?

03 들음의 교훈을 나누어 봅시다.

되새김

믿음은 들음에서 나며 들음은 그리스도의 말씀으로 말미암습니다. 그러므로 들음이 없이는 참된 믿음을 가질 수 없습니다. 하나님께서는 귀를 주심도 듣게 하시기 위함이시며 하나님께서는 비유를 말씀하심도 듣게 하심입니다. 믿음의 사람은 자신의 들음을 잘 분별할 수 있어야 합니다.

PART

09

풍랑을 잔잔케 하신 예수님
4장35~41절
(마 8:23~27, 눅 8:22-25)

Key Point

예수님의 제2차 갈릴리 사역은 불신과 말씀의 가르침과 권능에 관한 말씀입니다. 주님의 권능은 풍랑을 잔잔케 하심으로 만물 가운데 선포됩니다. 예수님은 만물의 창조주이시며, 또한 다스림의 통치자가 되십니다.

제자들을 세우심으로 시작하신 예수님의 제2차 갈릴리 사역에서 사람들의 불신 가운데에서도 하나님의 말씀을 전하셨습니다. 이제 이번 과로부터 6장6절은 하나님의 권능에 관한 말씀입니다. 하나님의 권능은 자연 만물과 영의 세계에 역사하시며 우리들의 삶과 영혼을 주장하십니다.

1. 풍랑을 잔잔케 하신 일을 행하신 배경에 관하여 살펴봅시다(35–36절).

예수님께서 바닷가에서 가르치실 때에 떠 있는 배에 올라 앉으셔서 가르치셨습니다(막 4:1). 예수님께서 모든 말씀을 마치시고 그 날 저물 때에 제자들에게 '우리가 저편으로 건너가자'라 말씀하셨습니다. 하루 종일 말씀의 사역을 마치시고 쉼 없이 바로 그날에 배에 계신 그대로 갈릴리 호숫가 동남쪽에 해당되는 거라사인 지방으로 향한 것입니다(막 5:1). 말씀의 사역을 행하신 주님의 피곤하심은 그 주무심으로 알 수 있습니다. 그러나 주님의 쉼은 잠시 이동할 때의 쉼이었으며 그의 사역은 쉼 없이 계속되었습니다.

2. 큰 광풍에 믿음을 잃은 제자들의 모습을 살펴봅시다(37–38절).

건너편으로 가는 작은 항해는 결코 순탄하지 않았습니다. 갑작스러운 큰 광풍이 일어나며 물결이 배에 부딪쳐 들어왔으며 배에 가득하게 되었습니다. 제자들은 예수님과 함께 배를 탔음에도 불구하고 바다에 큰 광풍이 이는 것을 보고 놀랐습니다. 1. 순탄하기만 할 줄 알았던 신앙의 삶 가운데 위기가 찾아온 것입니다. 2. 그러나 더 놀란 것은 예수님과 함께 탄 그 배가, 예수님이 타신 그 배에 물결이 배에 부딪쳐 들어와 배에 가득하여 잠기게 된 것입니다. 항상 승리만 있을 줄 알았던 신앙의 삶에 파선의 위기가 다가온 것입니다. 3. 그러나 그보다 더 놀랄 수밖에 없는 것은 그 소란하고 경황이 없는 와중에 예수님은 주무시고 있다는 사실이었습니다. 마가복음은 예수님께서 고물에서 베개를 베고 주무시는 모습을 보여줍니다. 우리들의 이런 총체적인 신앙의 위기 속에서 예수님은 오히려 침묵하시며 심지어 무관심하게 느껴지는 것입니다.

　1. 많은 사람들이 신앙의 생활을 하고 믿음이 있음에도 불구하고 어려움을 겪는 것을 의아하게 생각합니다. 우리들은 우리들의 주변에서, 그리고 우리 자신의 삶 속에서 당하는 어려움을 통해 낙심할 수밖에 없습니다. 우리들은 이러한 세상의 풍랑 속에서 우리들이 탄 배가 예수님과 함께 한 배가 아니라고 생각할 수 있습니다. 예수님과 함께 탄 배가 풍랑을 만난다는 것을 인정할 수 없는 것입니다. 우리들의 길이 잘못되었기에 무언가 잘못되었기에 풍랑을 만나고 어려움에 처하게 되었다고 생각하는 것입니다. 문제를 자신에게 찾으며 자신의 믿음이 작아서, 하나님의 사랑을 받지 못해서 시험을 받는다고 생각하는 것입니다. 그러나 이러한 생각은 우리들의 어려움을 진정으로 해결해 주지 못합니다. 또한 우리들이 분명히 예수님의 그 배를 탔음에도 불구하고 시험을 받

고 어려움에 처한다는 사실은 예수님에 대한 실망을 가지게 합니다. 이는 믿음의 위기이며 또한 우리들의 신앙의 위기가 되는 것입니다. 세상에서 가질 수 있는 모든 것을 버리고 예수님을 좇았음에도 불구하고 그들의 앞에 있는 것은 거친 풍랑이었습니다. 그것은 전에 어부였던 그들에게 조차 감당할 수 없는 그러한 감당키 어려운 풍랑이었습니다. 만일 이 배가 예수님과 함께 한 배라면 도저히 있을 수 없는 것입니다. 만일 이분이 만왕의 왕이시라면 있을 수 없는 일입니다. 그러나 그럼에도 불구하고 그들은 지금 풍랑 속에 있었습니다.

2. 예수님과 함께 탄 배가 풍랑을 만났습니다. 그러나 우리들의 신앙을 당혹하게 하는 것은 예수님과 함께 탄 배가 풍랑을 만났다는 사실을 넘어 그 풍랑에 의해 덮이게 되었다는 사실입니다. 예수님과 함께 한 삶에는 오직 승리와 평탄함만이 있을 것이나 오히려 풍랑을 만나고 이제 그 풍랑에 뒤집이게 된 것입니다. 믿음의 삶에는 승리의 삶만이 있을 뿐입니다. 설사 풍랑을 만나고 환난과 고난을 받는다 할지라도 승리하고 이길 수만 있다면 우리들의 기쁨은 더욱 값질 것입니다. 그러나 배는 풍랑 앞에서 안전하지 못하였습니다. 배는 뒤집일 것만 같았습니다. 제자들은 그 마음에 용기를 잃었습니다. 배는 뒤집이고 그들은 죽음을 앞두고 있었습니다. 예수 그리스도 안에서 그들이 세상의 모든 것을 버리면서까지 갖았던 모든 희망이 저 시꺼면 파도 속에서 물거품이 되고 말 것입니다. 어두운 밤하늘 처럼 그들의 마음은 더욱더 어두워져 가기만하였습니다. 이제 예수님과 함께 한 배가 안전치 못하다는 것은 우리

들의 믿음의 위기이며 우리들의 신앙의 위기입니다.

3. 예수님과 함께 한 배가 풍랑을 만났고 그 풍란에 의해 뒤집이게 되었습니다 그러나 우리들의 신앙을 당혹하게 하는 것은 우리들의 배가 풍랑에 의해 뒤집이고 우리들이 죽게 되었다는 사실이 아니라 우리들이 어려움을 당하는 그 순간, 우리들 가운데 예수님이 절실하게 필요하고 예수님만을 바라볼 수밖에 없을 그 시간에 우리 예수님은 주무시고 계시다는 사실입니다. 우리와 함께 돛을 당기시고 우리들의 두려움을 위로하시고 비바람과 속에서도 우리들을 품에 안으시는 주님이라면 그 풍랑에 잠겨 죽는다 할지라도 우리들을 사랑하시는, 우리들의 안전을 위해 그 목숨을 아끼시지 않으시는 주님이기에 우리의 생명도 아깝지 않을 것입니다. 슬픈 영화처럼 죽음 속에서도 우리 예수님을 향한 사랑은 저 파도 속에 잠기지 않을 것입니다. 예수님과 함께 했던 그 숱한 시간들을 잊지 않을 것입니다. 우리의 생명은 끊어진다 할지라도 예수님에 대한 우리들의 사랑은 마지막 순간까지 끊지 못할 것입니다. 그러나 우리들의 환난 가운데 예수님은 어디에 계셨습니까? 그분은 너무도 무관심하게 주무시고 계셨습니다. 철없는 어린아이처럼 그는 고요하게 잠들어 계셨습니다. 성난 파도가 그분을 깨우지 못할 정도로 그는 깊이 잠들어 계셨습니다. 이제 우리가 숱한 어려움에 처한 그 순간 예수님이 주무시고 계시다는 것은, 아무리 그분을 불러도 대답지 않으신다는 것은 우리들의 믿음의 위기이며 신앙의 위기입니다.

3. 풍랑을 잔잔케 하신 예수님을 살펴봅시다(39절).

예수님을 깨운 것은 광풍이 아닌 제자들이었습니다. 예수님께서는 깨어 바람을 꾸짖으시며 바다에게 '잠잠하라 고요하라' 하셨습니다. 이에 바람이 그치고 아주 잔잔하여졌습니다.

바람은 그치고 바다는 잔잔하게 되었습니다. 모든 것은 끝이 난 것만 같았습니다. 그러나 아직 끝이 난 것이 아니었습니다. 마치 아무 일도 없었던 것처럼 바람은 그치고 아주 잔잔하여졌습니다.

4. 예수님께서 제자들을 책망하심을 살펴봅시다(40-41절).

예수님에 대한 인생의 질문이 아니라 인생에 대한 예수님의 질문에 답해야 할 것입니다. 예수님은 물으셨습니다.

"어찌하여 이렇게 무서워하느냐 너희가 어찌 믿음이 없느냐"(40절)

세상이 커 보일 때 하나님은 한 없이 작게 보입니다. 반대로 하나님을 크게 보는 자는 세상을 작게 봅니다. 광풍을 보고 두려움에 싸인 제자들은 풍랑을 크게 본 것이 아니라 예수님을 작게 본 것입니다. 곧 믿음이 적었던 것입니다. 믿음이 적은 자는 세상의 풍랑의 큼을 보고 놀랐습니다. 그리고 그 풍랑으로 인해 예수님과 함께 탄 배가 잠기게 된 것을 보고 놀랐습니다. 풍랑 속에서 예수님은 너무도 작은 존재에 불가한 것이었습니다. 더욱이 그 와중에 주무시고 계신 예수님은 답답하게만 느껴지는 것입니다. 하지만 우리들이 진정으로 놀래야 할 것은 바로 우리들의 믿음의 작음입니다. 우리들의 순간순간을 놀라게 해야 할 것은 세상의 풍랑이 아니라 우리들의 믿음의 작음입니다. 수많은 날들을 하나님과 교제하고 하나님을 안다고 하면서도 작은 풍랑이 일 때마다 두려움에 싸이고 놀라며 신앙의 위기를 맞았던 우리들의 믿음의 작음을 통해서 놀라는 것입니다.

그들은 심히 두려워하여 서로 말하기를 그가 누구이기에 바람과 바다도 순종하는가 하였습니다. 참된 믿음은 그가 누구이신가를 알게 해 주는 것입니다.

01 예수님의 피곤하심에 관하여 나누어 봅시다.

02 제자들의 믿음이 없음에 관하여 나누어 봅시다.

03 풍랑을 잔잔케 하심을 통해서 보여주시는 교훈을 나누어 봅시다.

되새김

예수님께서는 말씀을 가르치실 뿐만 아니라 이제 그 권능을 나타내셨습니다. 그분의 권능은 먼저 자연과 만물 가운데 나타났습니다. 바람을 꾸짖는 권세와 만물을 다스림의 권세가 주께 있는 것입니다. 그분은 만물의 창조주가 되시며 통치자가 되십니다.

PART

10

거라사인 귀신 들린 자를 고치심
5장1~20절
(마 8:28~34, 눅 8:26-39)

Key Point

풍랑을 잔잔케 하심으로 만물에 대한 주권과 통치를 선포하신 예수님께서는 이제 거라
사인의 한 귀신 들린 자를 고치심으로 한 사람의 영혼의 회복과 구원을, 더 나아가 귀신
의 역사를 제한하심으로 말미암아 보이는 세계와 보이지 않는 세계의 하나님의 통치를
선포하십니다.

본문 이해

가버나움의 긴 하루(막 1:21-39), 중풍병자를 고치심(막 2:1-12)에 이어 거라사인 귀신 들린 자를 고치심(막 5:1-20)은 마가복음에 있는 긴 이야기로 세 번째에 해당됩니다.

풍랑을 잔잔하게 하신 예수님께서는 이후 거라사인 지방에 이르러 그곳에서 귀신 들린 자를 고치십니다. 귀신 들린 자에 대한 자세한 묘사와 귀신과의 대화를 통해서 우리 주님께서는 영적인 세계와 지식에 관하여 알게 하십니다. 귀신들은 예수님께 간구하고 그 허락하에 돼지 2천 마리의 떼 안으로 들어가 몰살시킵니다. 이는 한 사람의 영혼에 얼마나 많은 귀신들이 역사하였는지를 잘 알게 합니다.

이제 더 귀한 것은 바로 믿음의 역사입니다. 많은 어두움이 작은 빛을 이길 수 없듯이 사망이 생명을 이길 수 없습니다. 복음은 이제 이 어두운 세상의 구원의 빛이 되십니다. 한 사람의 영혼에 귀신을 쫓아내심으로 하나님께서는 이 세상에 하나님의 나라를 선포하시는 것입니다.

1. 예수님께서 거라사인 지방에 이르러 더러운 귀신 들린 사람과의 만남을 살펴봅시다(1-2절).

예수님께서 거라사인 지방에 이르셨습니다. 여리고에 이르러 삭개오를 만나신 것과 같이, 가버나움에서 백부장을 만나신 것과 같이, 베드로의 장모의 집에서 베드로의 장모를 만나신 것과 같이 이제는 거라사인 지방에 이르러 믿음의 역사를 나타내셨습니다. 주님께서는 배에서 나오시매 곧 더러운 귀신 들린 사람이 무덤 사이에서 나와 예수님을 만나게 되었습니다. 주님께서는 이미 저에게 이르시되 더러운 귀신아 그 사람에게서 나오라 명하셨던 것입니다(8절). 제자들은 이미 배 안에서 주님께서 그 풍랑에 주무신 것으로 인해 원망하였지만 주님께서 그 제자들을 방치하지 않으신다는 것을 오늘 말씀을 통해 다시 한번 확인할 수 있는 것입니다. 주님께서는 멀리 시야에 보이지 않았던 한 광인을 아셨으며 그 불쌍한 영혼을 돌보신 것입니다. 멀리 보이지 않는 곳에서 고통하는 한 영혼을 회복케 하시는 주님께서 주님과 함께 하는 제자들을 품으심은 의심할 수 없는 것입니다.

2. 거라사인의 귀신 들린 자로부터 알 수 있는 귀신에 관한 정보들에 관하여 살펴봅시다(2-9절).

   1. 귀신은 존재합니다(2절).

   2. 귀신은 인격을 장악합니다(2절).

   3. 귀신은 더러운 영입니다(2절).

   4. 귀신은 죽음의 영입니다(3절).

   5. 귀신은 제어할 수 없는 힘을 가지고 있습니다(3-4절).

   6. 귀신 들린 자는 이웃과의 관계가 파괴됩니다(3-4절).

7. 귀신 들린 자는 자신과의 관계가 파괴됩니다(5절).

-평안이 없습니다(밤낮 무덤 사이에서나 산에서나 늘 소리 지르며 돌로 자기의 몸을 해침:5절).

8. 귀신 들린 자는 하나님과의 관계가 파괴되어 있습니다(7절).

9. 귀신은 하나님과 아무런 상관이 없습니다. 소망이 없습니다(7절).

10. 귀신은 집단적으로 역사합니다(9절).

11. 귀신의 역사는 제한적인 역사입니다(10절).

-그들의 일부는 무저갱에 들어가 있습니다. 귀신들도 이를 두려워 하는 것입니다(눅 8:31).

3. 거라사인의 귀신 들린 자 앞에서 무기력한 사람들에 대한 정보를 살펴 봅시다(3-17절).

거라사인의 사람들은 귀신 들린 자를 제어할 수 없었습니다. 이는 반 대로 거라사인 사람들을 통해서 영적인 일에 대한 사람들의 일반적인 정보를 알게 합니다.

1. 영혼의 세계를 잘 알지 못함

-우리들 또한 영적인 세계에 대한 지식은 오직 성경을 통해서 분별 하고 알 수 있는 것입니다.

2. 영적 세계에 대한 무기력함

-사람들은 이 한 사람을 제어하고자 하였으나 할 수 없었습니다. 이

는 한 사람이 아니라 그 안에 도대체 얼마나 많은 귀신들이 역사하는지를 알지 못하는 것입니다. 뿐만 아니라 우리는 영적인 존재가 육적인 존재보다 더 큰 힘을 가지고 있음을 알아야 합니다. 우리는 보이는 존재이며 그들은 보이지 않는 존재이기 때문입니다.

3. 영혼의 가치를 알지 못함

-사람들은 한 사람의 가치보다도 잃어버린 2천 마리의 돼지 떼를 더 귀히 여겼습니다. 돼지 떼는 율법에도 더럽게 여기는 것입니다. 이와 같이 이들은 사람의 진정한 가치를 알지 못하는 것입니다.

4. 거라사인의 귀신 들린 자를 고치신 예수님에 관하여 우리는 무엇을 알 수 있습니까?(2-20절).

1. 참된 영혼의 평안을 주시는 분이십니다.

-풍랑과 바다를 잠잠케 하신 주님께서는 한 사람의 심령에 이는 풍랑을 보셨습니다. 진정으로 자고 있었던 것은 주님께서 주무시고 있었던 것이 아니라 모든 사람이 자고 있는 것입니다. 한 사람의 심령에 몰아치는 풍랑을 듣지 못하고 알지 못하는 모든 사람들이 잠을 자고 있는 것입니다.

2. 영혼을 구하심

-주님께서는 평안을 주시고 또한 영혼을 구하시는 분이십니다. 한 사람의 영혼을 얻기 위함이신 것입니다.

3. 영혼의 가치를 아심

-주님께서는 결코 한 사람의 영혼과 이 땅에 바꿀 수 있는 것은 아무 것도 없는 것입니다.

5. 거라사인의 사람들과 귀신 들렸던 사람의 간구는 각각 무엇이었습니까?(14-20절).

귀신들은 간구하기를 자신들을 그 지방에서 내보내지 않기를 간구하였습니다(10절). 그러나 말씀의 마지막에서 오히려 사람들은 예수께 그 지방에서 떠나시기를 간구하였습니다(17절). 얼마나 기가 막힌 일입니까? 그러나 주님께서 그 지방을 위하여 남기신 일이 있습니다. 곧 예수님께 고침을 받은 그 사람을 그 지방에 남겨 그로 주의 증인 삼으신 것입니다.

"그가 가서 예수께서 자기에게 어떻게 큰 일 행하셨는지를 데가볼리에 전파하니 모든 사람이 놀랍게 여기더라"(20절)

01 거라사인의 귀신이 주는 교훈은 무엇입니까?

02 거라사인의 귀신 들린 자의 이야기에서 나오는 세 가지 간구는 무엇입니까?

03 거라사인의 귀신 들린 자를 고치심의 이야기의 주제는 무엇입니까?

되새김

풍랑을 잔잔케 하신 예수님을 향하여 사람들은 '그가 누구이기에 바람과 바다도 순종하는가' 하였습니다. 이제 그 대답을 귀신으로부터 듣습니다. '지극히 높으신 하나님의 아들 예수여'(7절) 그러나 이제 이러한 고백은 저 귀신의 고백이 될 수 없습니다. 저 귀신에게 이 귀한 고백을 빼앗겨서는 안 될 것입니다.

PART

11

열두 해 혈루증 여인과 야이로의 딸
5장21-43절
(마 9:18~26, 눅 8:40-56)

Key Point

예수님의 권능이 보이는 세계와 보이지 않는 세계에 나타났습니다. 이제 주님의 권능은
이 세상을 향한 것이 아닌 믿음의 사람들을 향하십니다. 이번 과는 열두 해 혈루증 여인
과 야이로의 딸에 관한 말씀입니다. 주님께서는 병든 자를 고치시고 죽은 자를 살리십니
다. 더 나아가 예수님께서는 병든 영혼과 죽은 영혼을 살리시기를 원하시는 것입니다.

12제자를 세우심으로(막 3:13-19) 시작된 예수님의 제2차 갈릴리 사역은 사람들의 불신(막 3:20-35)과 말씀의 가르침(막 4:1-34)에 이어 예수님의 권능에 관한 말씀으로 계속 이어지고 있습니다. 곧 풍랑을 잔잔케 하시고, 거라사인의 귀신 들린 자를 고치신 주님께서는 이번 과에서 열두 해 혈루증 여인을 고치시고 죽은 야이로의 딸을 살리십니다.

가버나움의 긴 하루(막 1:21-39), 중풍병자를 고치심(막 2:1-12), 거라사인 귀신 들린 자를 고치심(막 5:1-20)에 이어 야이로의 딸과 열두 해 혈루증 여인의 이야기(막 5:21-43)는 마가복음에 있는 긴 이야기로 네 번째와 다섯 번째에 해당됩니다.

마태복음은 이 회당장 야이로에 관하여 간략하게 한 직원이라고만 전합니다. 그러나 그는 회당장이며 야이로라는 그 이름까지 밝히고 있습니다.

야이로의 딸을 살리신 이야기는 열두 해 혈루증 여인의 고치심의 이야기와 함께 다루어져야 합니다. 두 이야기가 함께 나옴은 독특한 것입니다. 특별히 야이로의 딸의 이야기에서 열두 해 혈루병 난 여인의 이야기를 지나 다시 야이로의 딸의 이야기로 나옴은 이 이야기가 샌드위치 구조 속에서 전해주시고 있음을 알 수 있게 합니다. 이는 긴밀한 연결고리가 있음을 알 수 있는 것입니다. 그러므로 이 두 이야기는 함께 볼 때에 더욱더 선명한 그림을 볼 수 있습니다.

1. 회당장 야이로가 예수님께 나아와 간구함을 살펴봅시다(21-24절).

야이로는 회당장이었습니다. 그는 사람들로부터 존경을 받는 위치이고 높은 위치입니다. 그러나 인간의 높음이 하나님 앞에 높음이 될 수 없음을 깨달아야 할 것입니다.

회당장은 이제 자신의 딸의 죽음의 그림자 앞에 예수님께 나아가 그 발 아래 엎드리게 됩니다. 단지 자신의 높음을 내려놓을 뿐 아니라 주 앞에 엎드려 자신을 한없이 내리는 모습을 보게 됩니다.

회당장은 더 많은 것을 보여줍니다. 이 회당장은 예수님께 구하되 간곡히 구하였습니다. 이 간곡히 구함은 바로 예수님의 자비와 은총을 바랐던 것입니다. 그는 아무것도 가진 것이 없으며 또한 아무것도 아닌 자가 되어서 오직 하나님의 긍휼과 자비를 구하였습니다.

"내 어린 딸이 죽게 되었사오니 오셔서 그 위에 손을 얹으사 그로 구원을 받아 살게 하소서"(23절)

예수님께서 이제 이 회당장과 함께 가시는 장면에서 우리는 또 다른 장면을 보게 됩니다.

2. 열두 해 혈루증 여인의 상황을 살펴봅시다(25-26절).

열두 해 혈루증으로 앓아 온 한 여자가 있었습니다. 이 여자는 많은 의사에게 많은 괴로움을 받았고 가진 것도 다 허비하였으며 아무 효험도 없고 도리어 더 중하여진 차였습니다.

여인의 형편을 한 번 더 자세히 살펴봅니다.

1. 의사는 많았지만 참된 치료자는 없었습니다. 그들은 많았으나 무익하였습니다.

2. 여자는 많은 괴로움을 받았습니다. 의사가 많음은 무익할 뿐만 아니라 그들은 도리어 많은 괴로움만 더하였습니다.

3. 여인은 가진 것도 다 허비하였습니다. 열 두 해에 혈루증은 많은 의사들을 만남 가운데 결국 자신의 모든 것을 허비하게 하였습니다.

4. 많은 의사의 치료는 아무 효험도 없었습니다. 그들은 병의 치료를 위해 어느 정도 기여한 바가 없습니다. 그들이 병의 치료를 위해서 한 것은 아무것도 없었습니다.

5. 병은 더 중하여졌습니다. 많은 의사의 치료는 효험이 없었을 뿐만

아니라 병은 더욱 중하여졌습니다.

의사에게 오히려 괴로움을 받았다는 것은 아이러니한 표현이지만 이는 중한 병 가운데 의사의 한계를 보여주는 것입니다. 인간은 어떠한 역할을 하기도 하지만 그 한계를 넘어설 때에 무기력해지는 것이며 도리어 해가 되기까지 합니다. 사람은 많은 능력을 가지고 있는 것 같지만 의사가 고치는 일을 할 수 없는 것과 마찬가지로 사람의 능력에는 제한이 있고 무능력하며 무기력한 일입니다.

여인은 이러한 중병 가운데 가지고 있는 재산까지 다 허비하게 됩니다. 인생은 무기력한 인생에게 끝까지 기대며 자신을 점점 고갈시켜 나아가게 되는 것입니다.

병은 도리어 더 중해져만 갔습니다. 참으로 소망이 없는 지경임을 알 수 있습니다.

3. 열두 해 혈루증 여인의 믿음과 치유를 살펴봅시다(27-34절).

그러던 중 이 여인은 한 소문을 듣게 되었습니다. 그것은 예수의 소문입니다. 나병 환자를 고치시고, 중풍병자를 고치시고, 손 마른 자를 고치시며, 수많은 사람이 예수님을 만나고 고침을 받았습니다. 여인의 절박하고 절망적인 상항 속에 한 소문이 그녀에게까지 이르렀습니다.

하지만 과연 혈루병된 몸으로 주님께 나아가 만나는 것이 과연 가능하겠는가 하는 것입니다. 그것은 불가능한 일입니다. 오늘 우리가 주님께 나아가면 과연 응답이 있을까 우리는 생각합니다. 내가 지금 주님께 나아가면 과연 은혜가 있을까 삶의 문제가 해결이 될까 생각합니다. 그러나 이 모든 것을 하나님께로 말미암은 생각과 반대의 생각입니다. 혈루증 여인은 주님께 향하여 나아갔습니다.

"너희가 온 마음으로 나를 구하면 나를 찾을 것이요 나를 만나리라"(예레미야 29:13)

여인은 만신창이가 된 몸을 이끌고 무리 가운데 끼였습니다. 사람들과의 부딪침 속에서 그의 몸은 더욱 만신창이가 되어갔습니다. 그러나 그녀는 포기할 수 없었습니다. 많은 사람들이 예수님께 나아갔지만 여인에게는 더욱 간절함이 있었습니다. 주님을 만나야 살 수 있기 때문입니다.

여인은 마침내 예수님의 뒤까지 이르러 그의 옷에 손을 대었습니다. 여인은 주님의 옷깃을 만졌습니다. 그리고 이에 그의 혈루 근원이 곧 마르게 되었습니다. 우리는 여인의 몸 상태에 관하여 잘 알지 못합니다. 그러나 이 한 구절을 통해서 그가 얼마나 아픈 몸으로, 연약한 몸으로 주님 앞에 나왔는지를 알 수 있는 것입니다. 그는 끊이지 않는 혈루의 상태로 주님 앞에 나아온 것입니다. 그런데 주님을 만지자마자 하나님의 은혜가 그녀에게 임하게 되었을 때에 한 순간도 쉼을 주지 않고 그 몸을 고통 가운데 있게 하였던 혈루의 근원이 마르게 되었습니다. 한 순간도 쉼을 주지 않았던 그의 고통이 끝이 났습니다. 많은 의사를 만났으나 도리어 그 병이 중하여졌으나 그 중하였기에 도리어 그 나음의 표가 되었습니다.

예수님께서 그 능력이 자기에게서 나간 줄을 곧 아시고 무리 가운데 돌이켜 말씀하시기를 '누가 내 옷에 손을 대었느냐' 물으셨습니다.

제자들은 여짜오기를 무리가 에워싸 미는 것을 보시며 누가 내게 손을 대었느냐 물으시나이까 하였습니다.

사람들은 누가 어떠한 마음으로 주님을 만졌는지 모르나 주님께서는 아시는 것입니다. 하나님께서는 그 능력이 우리들 가운데 부어지는 것을 아시는 것입니다. 주님께서는 가시던 길을 갑자기 멈추셨습니다. 주님께서는 그 수많은 사람들 가운데 믿음의 한 여인을 보시려고 둘러보셨습니다.

여인은 자신에게 이루어진 일을 알고 두려워하며 떨며 그 앞에 엎드려 자신에게 일어난 일을 고하였습니다.

주님께서는 혈루병 여인과 대면하셨습니다. 그리고 그녀에게 이와 같이 말씀하십니다.

"딸아 네 믿음이 너를 구원하였으니 평안히 가라 네 병에서 놓여 건강할지어다"(34절)

이 말씀은 야이로의 딸에게 주신 말씀이 아닙니다. 열두 해 혈루증 여인에게 주신 말씀입니다. 비록 야이로와 같은 아버지가 없었지만 이제하늘 아버지가 계심을 알게 하십니다. 야이로의 딸의 아버지는 딸을 사랑하지만 딸을 고칠 수 없습니다. 백부장 또한 종을 사랑하지만 그 종을 고칠 수 없습니다. 중풍병자의 친구들도 친구를 사랑하지만 그를 고칠 수 없습니다. 그러나 이제 이 혈루증 여인에게 딸아... 라고 주님께서는 부르시는 것입니다. 하나님께서 친히 아버지가 되어 주셨습니다. 그의 삶을 치유하시고, 회복하시고, 붙드시고, 인도하시고, 위로하시고, 축복하시는 하나님 아버지가 계심을 알게 하셨습니다. 오랜 고난의 때가 끝이 났습니다. 더 이상 누구도 그를 괴롭게 하지 못하는 것입니다. 비록 가진 것을 허비하였지만 이제는 다시 살 수 있는 의지를 주셨습니다. 이전에는 더 중해진 병으로 절망하였으나 이제는 새 소망과 희망이 찾아온 것입니다.

4. 야이로의 딸을 살리심을 살펴봅시다(35-43절).

아직 예수님께서 말씀하시고 계실 때에 회당장의 집에서 사람들이 와서 '당신의 딸이 죽었나이다 어찌하여 선생을 더 괴롭게 하나이까'

라고 하였습니다.

그러나 주님께서 이제 붙들어 주십니다. 여인은 만졌지만 주님께서는 우리들을 붙들어 주십니다. 예수님께서는 그 하는 말을 곁에서 들으시고 회당장에게 말씀하셨습니다. '두려워하지 말고 믿기만 하라'

육체를 입은 사람들에게 죽음은 이제 더 이상 소망이 없는 것입니다. 모든 소망은 아직 살았을 때 있는 것이지 이미 죽은 자에게는 어떠한 기대도 할 수 없습니다. 그러나 예수님께서는 회당장 야이로에게 말씀하시기를 두려워 말고 믿기만 하라라고 말씀하십니다.

예수님께서 베드로와 야고보와 요한과 함께 회당장 집에 들어가셨습니다. 그들 외에는 아무도 따라옴을 허락하지 않으셨습니다. 그리고 그곳에서 떠드는 것과 울며 심히 통곡하는 사람들을 보았습니다. 어린 딸의 죽음은 아버지뿐만 아니라 모든 사람에게 슬픔이 되는 것이었습니다. 그러나 예수님께서는 묻습니다. '너희가 어찌하여 떠들며 우느냐 이 아이가 죽은 것이 아니라 잔다' 분명히 예수님께서는 이 아이가 죽은 것이 아니라 잔다라고 말씀하여 주셨습니다. 사람들은 비웃었지만 그 부모는 비웃지 않았습니다. 예수님께서는 비웃은 무리들을 다 내보내신 후에 아이의 부모와 제자들을 데리고 아이 있는 곳으로 들어가셨습니다. 그리고 이미 육적으로는 죽은 그 아이의 손을 잡고 말씀하셨습니다. '달리다굼' 이는 번역하면 '내가 네게 말하노니 소녀야 일어나라'

라는 것이었습니다. 소녀는 일어났습니다. 소녀는 일어났으며 걸었습니다. 사람들은 크게 놀라며 또 놀랐습니다.

소녀의 나이는 열두 살이었습니다. 놀랍게도 이전에 혈루증으로 고통받았던 여인이 혈루증을 앓은 기간도 열두 해였습니다. 이 소녀가 태어나서 가정의 온갖 사랑을 받고 있었던 그 열두 해를 이 혈루증 앓은 여인은 고통을 받았던 것입니다. 이제 우리는 무엇을 깨달아야 하는 것입니까? 우리는 우리의 육체의 즐거움을 갖는 이 날에, 이 땅의 사랑을 받는 이 날 동안 우리의 영혼은 고통 가운데 있다는 사실입니다. 열두 해 소녀의 사랑받던 열두 해는 인간의 육체를 보여 주며 열두 해 앓은 여인의 날들은 인간의 영혼에 관하여 가르쳐 주시는 것입니다. 그리고 열두 해가 끝났을 때 여인은 여전히 앓은 여인으로 많은 가산을 소비하였음에도 불구하고 나음을 입지 못하고 더욱 중해져 고통 가운데 있었으며 열두 해가 끝났을 때 이 회당장 딸, 곧 그 소녀는 죽게 되었다는 것입니다. 그것은 바로 육체의 죽음입니다.

우리는 오늘 우리의 영혼을 어떻게 바라보고 있습니까? 여전히 육체 가운데 즐기며 사랑을 받고 그렇게 살고 있지는 않습니까? 이 육체의 기간이 끝이 나면 우리는 이 땅에 아무 소망 없이 죽음에 이르게 될 것입니다. 그것은 육체의 죽음입니다. 그러나 믿지 않는 영혼은 살아 영원한 불구덩에 들어가게 된다는 사실을 잊어서는 안 될 것입니다. 우리는 왜 예수님께서 이 일을 많은 사람들에게 알리지 못하게 경계하였는지 자세히는 알지 못합니다. 그러나 분명한 한 가지 사실은 예수님께서 경계하신 것은 그 안의 진정한 메시지, 말씀이 많은 사람들에게 전파되는 것을 막으시는 것이 아니라 그 안에 있는 귀한 메시지, 말씀이 오용되는 것을 막으시는 것입니다. 그리고 그것을 경계하시는 것입니다.

01 열두 해 혈루증 여인의 형편과 믿음에 관하여 나누어 봅시다.

02 야이로의 딸에게 잔다 하심에 관하여 나누어 봅시다.

03 열두 해 혈루증과 야이로의 딸의 이야기를 함께 나누어 봅시다.

되새김

마가복음의 긴 이야기들 중에 4번째, 5번째로 들려주시는 열두 해 혈루증 여인과 야이로의 딸 이야기는 우리들에게 믿음을 주십니다. 주님께 나아가는 자는 그의 병의 치유함을 받고 죽음 가운데 절망하는 자에게까지 부활이 소망을 주십니다. 예수님께서 야이로에게 주신 말씀을 마음에 새겨야 할 것입니다. "두려워하지 말고 믿기만 하라"

PART

12

고향에서 배척받으신 예수님
6장1~6절
(마 13:53~58, 눅 4:16-30)

Key Point

예수님께서 12제자를 세우심으로 시작된 제2차 갈릴리 사역은 예수님의 고향인 나사렛에서 배척을 받으심으로 끝이 납니다. 친지들의 불신과 가족들의 불신에 관한 말씀에 이어 고향 사람들의 배척으로 제2차 갈릴리 사역을 마무리하십니다. 이는 이 세대의 믿음 없음에 대한 현실이며 책망의 말씀입니다.

본문 이해

제자들을 세우심으로 시작하신 예수님의 제2차 갈릴리 사역은 친족들의 불신으로 시작해서 고향 사람들인 나사렛 사람들의 배척으로 마무리됩니다(막 3:13-6:6).

먼저 예수님의 친족들은 예수님을 향하여 '미쳤다'고 하였습니다(막 3:21). 예수의 어머니와 동생들 즉 예수님의 가족 또한 예수님을 믿지 못하였습니다(막 3:31-35). 더 나아가 고향 사람들은 예수님을 배척하였습니다. 앞서 풍랑을 잔잔케 하시고, 거라사인의 귀신 들린 자를 고치시고, 열두 해 혈루증 여인을 고치시고, 야이로의 딸을 살리신 예수님이시지만 비록 고향 땅이라고 할지라도 그들의 배척과 믿음이 없음을 통해서 아무 권능도 행하실 수 없으셨습니다. 예수님께서는 그들의 믿지 않음을 이상히 여기셨습니다.

1. 예수님께서 고향으로 가심을 살펴봅시다(1절).

예수님을 향한 한 호칭은 나사렛 예수입니다. 빌립은 나다나엘에게 예수님을 소개하며 '나사렛 예수'라고 하였습니다. 그러나 나다나엘은 '나사렛에서 무슨 선한 것이 날 수 있느냐'고 하였습니다. 이는 나사렛이 어떠한 곳인지를 잘 드러냅니다. 나사렛은 갈릴리의 한 성읍으로 작고 멸시받고 천시받는 지역이었습니다. 이러한 나사렛에서 메시야가

난다는 것은 비상식적이며 비성경적이었습니다.

나사렛이 예수님을 귀히 여기지 못함을 보며 이 보잘것없고 멸시받고 천시받은 땅을 귀히 여기셔서 그곳을 고향으로 삼으시고 다시 그 고향 땅으로 가신 예수님의 사랑의 마음을 생각할 때에 결국 이 고향 땅에서 예수님을 배척한 것은 매우 어리석은 일인 것입니다.

예수님께서는 자신을 반기지 않는 나사렛 고향으로 가셨습니다(눅 4:16-30).

2. 나사렛 사람들의 배척함을 살펴봅시다(2-4절).

안식일이 되어 예수님께서 회당에서 가르치시니 많은 사람이 듣고 놀랐습니다. 그들은 예수님께서 가지신 '지혜'와 '권능'을 보았지만 어디서 이런 것을 얻었는지 알 수 없었기 때문입니다. 그들은 예수님에 관하여 알고 있었습니다. 예수님은 마리아의 아들이며 목수였습니다. 그는 야고보와 요셉과 유다와 시몬의 형제이며 그 누이들도 알고 있었습니다. 그들은 이처럼 놀랐으나 믿지 않았습니다. 그들은 믿지 않았으며 더 나아가 배척하였습니다. 이에 예수님께서는

"선지자가 자기 고향과 자기 친척과 자기 집 외에서는 존경을 받지 못함이 없느니라"(4절)

고 하셨습니다.

3. 예수님께서 이상히 여기심을 살펴봅시다(5-6절).

정작 예수님의 고향인 나사렛에서는 아무 권능도 행하실 수 없으심은 그들의 불신 때문입니다. 예수님께서는 소수의 병자에게 안수하여 고치실 뿐이었고 그들이 믿지 않음을 이상히 여기셨습니다. 제자들의 믿음이 없음을 통해서 책망하시고(막 4:40), 열두 해 혈루병 여인의 믿음을 칭찬하시며(막 5:34), 절망 가운데 있는 자에게 믿음을 가르치시신(막 5:36) 주님께서는 이번에는 믿지 않음을 이상히 여기신 것입니다.

4. 2차 갈릴리 사역의 요약을 살펴봅시다(6절).

마가복음은 제2차 갈릴리 사역을 다음과 같이 요약하며 매듭짓습니다.

"이에 모든 촌에 두루 다니시며 가르치시더라"(6절)

묵상

01 나사렛 사람들의 배척이 주는 교훈에 관하여 나누어 봅시다.

02 선지자가 고향에서 존경을 받지 못하는 이유는 무엇입니까?

03 예수님의 배척받으심이 파송 전에 있었던 제자들에게 주는 교훈을 나누어
봅시다.

되새김

믿음의 사람들에게는 믿는 것이 이상한 것이 아닌 믿지 않음이 이상한 것입니다.
믿음의 눈으로 뜨지 못하면 이처럼 믿음이 없는 자의 삶을 삽니다. 믿음 없는 자
는 믿음의 역사를 볼 수 없을 뿐만 아니라 그 믿음 없음을 통해서 믿음의 경험을
가질 수 없습니다. 믿음 없음은 참으로 안타깝고 불행한 일입니다.

마가복음

제4부

제3차 갈릴리 활동
(6:7-8:26)

PART

13

제자들의 파송과 세례 요한의 죽음
6장7~29절

Key Point

제자들을 부르심과 세우심에 이어 보내심으로 예수님의 제3차 갈릴리 사역이 시작됩니다. 이번 과에서는 예수님께서 제자들을 파송하시며 주시는 말씀과 세례 요한의 죽음에 관하여 전합니다.

본문 이해

제자들을 부르시고, 세우신 예수님께서는 이번에는 제자들을 파송하십니다. 곧 제자들을 부르심으로 제1차 갈릴리 사역이 시작되고(막 1:14-3:12), 제자들을 세우심으로 제2차 갈릴리 사역을 행하셨다면(막 3:13-6:6) 제3차 갈릴리 사역은 제자들을 파송하심 이후로 구분됩니다(막 6:7-8:26).

주목해서 볼 것은 예수님의 제1차 갈릴리 사역에서는 예수님의 3대 사역 중에 치유의 사역이 두드러집니다. 가버나움의 하루, 나병환자로부터 안식일 논쟁까지의 긴 말씀들은 모두 치유를 중심으로 이루어짐을 살펴볼 수 있습니다. 다음으로 제2차 갈릴리 사역에서는 에수님의 3대 사역 중에 말씀의 사역이 두드러집니다. 제2차 갈릴리 사역의 중심에는 말씀이 있으며, 예수님의 사역은 친족들의 불신으로 시작해서 고향 사람들인 나사렛 사람들의 배척으로 마무리됩니다. 이제 예수님의 제3차 갈릴리 사역은 예수님의 3대 사역 중에 선포의 사역이 두드러집니다. 예수님께서는 제자들을 파송하시며, 세례 요한의 죽음의 이야기를 전해주시며 특별히 이방 지역에서의 사역에 관하여 전합니다.

이번 단락에서는 마가복음에 나타나는 빈번한 샌드위치의 전개 중하나로 제자들의 파송과 귀환의 말씀을 전합니다. 12제자들의 파송과 귀환의 이야기 가운데 세례 요한의 죽음에 관하여 전합니다. 이는 복음의 전파가 권능의 역사이기는 하나 어떠한 댓가의 지불을 요구하는지를 잘 보여주시는 것입니다. 앞서 예수님의 2차 갈릴리 사역이 친지와 가족의 불신과 고향 사람들인 나사렛 사람들의 배척함을 보여주었다면 제자들의 파송으로 시작되는 제3차 갈릴리 사역은 세례 요한의 죽음을 전합니다.

■ 마가복음 6장7-8장26절의 구조적 이해

막 6:7-13: 제자들을 파송하심

막 6:14-29: 세례 요한의 죽음

막 6:30-44: 오병이어의 이적

막 6:45-52: 바다 위를 걸으신 예수님

막 6:53-56: 게네사렛의 치유

막 7:1-23: 장로들의 전통

막 7:24-30: 수로보니게 여자의 믿음

막 7:31-37: 갈릴리 호숫가의 치유-귀 먹고 말 더듬는 자를 고치심

막 8:1-10: 칠병이어의 이적

막 8:11-13: 표적을 구한 바리새인

막 8:14-21: 바리새인과 헤롯의 누룩

막 8:22-26: 벳새다 맹인의 치유

이는 다시 다음과 같은 구조적인 이해를 가질 수 있습니다.

a. 제자들을 파송하심(막 6:7-13)

  b. 세례 요한의 죽음(막 6:14-29)

    c. 오병이어의 이적(막 6:30-52)

      d. 게네사렛의 치유(막 6:53-56)

        e. 장로들의 전통(막 7:1-23)

        e' 수로보니게 여자의 믿음(막 7:24-30)

      d' 갈릴리 호숫가의 치유-귀 먹고 말 더듬는 자(막 7:31-37)

    c' 칠병이어의 이적(막 8:1-10)

  b' 표적을 구한 바리새인/ 바리새인과 헤롯의 누룩(막 8:11-21)

a' 벳새다의 맹인의 치유(막 8:22-26)

1. 예수님께서 제자들을 파송하심을 살펴봅시다(7-13절).

마태복음에서 제자 파송 설교로 10장, 한 장 전체에 걸쳐 많은 분량으로 전한 말씀을 마가복음에서는 간략하게 전합니다. 이는 예수님의 가르침보다 그 행위를 더 중요시한 마가의 독특한 특징이기도 합니다.

마가복음의 제자 파송의 특징은 제자 파송으로 세 번째 갈릴리 사역을 구분하며 그들을 파송하되 둘씩 둘씩 보내셨으며, 많은 가르침 중에서도 선별된 두 가지를 전합니다.

"여행을 위하여 지팡이 외에는 양식이나 배낭이나 전대의 돈이나 아무 것도 가지지 말며 신만 신고 두 벌 옷도 입지 말라"(8-9절)

"어디서든지 누구의 집에 들어가거든 그 곳을 떠나기까지 거기 유하라 어느 곳에서든지 너희를 영접하지 아니하고 너희 말을 듣지도 아니하거든 거기서 나갈 때에 발 아래 먼지를 떨어버려 그들에게 증거를 삼으라"(10-11절)

예수님께서 그들에게 주신 더러운 귀신을 제어하는 권능으로 그들은 나가서 회개하라 전파하고 많은 귀신을 쫓아내며 많은 병자에게 기름을 발라 고쳤습니다.

2. 세례 요한의 죽음을 살펴봅시다(14-29절).

세례 요한의 죽음에 관한 말씀은 마가복음이 전하는 긴 이야기 중의 하나입니다. 이는 마가복음의 여섯 번째로 나타나는 긴 이야기입니다. 제자들이 파송될 때에 예수의 이름이 드러나게 되었습니다. 예수님의 사역이 한편으로 매우 적극적으로 이루어졌으며 다른 한편으로는 소극적으로 그 사역을 절제하셨습니다(마 14:13). 그러나 분명히 제자들을 파송하셨다는 것은 환난 가운데에서 오히려 복음을 더 적극적으로 전하심을 보이시는 것입니다. 왜냐하면 제자들이 파송된 시점은 이미 세례 요한이 헤롯에 의해서 죽임을 당한 후였기 때문입니다.

예수님에 관한 이야기는 헤롯에게까지 이르렀습니다. 헤롯 왕은 듣고 이는 세례 요한이 죽은 자 가운데서 살아났도다 그러므로 이런 능력이 그 속에서 일어나느니라고 하였습니다. 사람들은 그가 엘리야라 하고 또 어떤 이는 선지자니 옛 선지자 중의 하나와 같다 하였으나 헤롯은 듣고 내가 목 벤 요한 그가 살아났다 하였습니다.

헤롯은 전에 불륜 가운데 있었던 그의 동생 빌립의 아내 헤로디아를 얻기 위하여 자신의 아내와 이혼하고 동생과 이혼한 헤로디아를 자신의 아내로 삼았습니다. 이에 세례 요한은 헤롯에게 동생의 아내를 취한 것이 옳지 않다 하였으며 이에 헤롯은 그를 옥에 가두었고 헤로디아는 요한을 원수로 여겨 죽이고자 하였으나 헤롯이 요한을 의롭고 거룩한 사람으로 알고 두려워하며 보호하였습니다.

"헤롯이 요한을 의롭고 거룩한 사람으로 알고 두려워하여 보호하며 또 그의 말을 들을 때에 크게 번민을 하면서도 달갑게 들음이러라"(20절)

그러나 세례 요한의 죽음의 이야기는 너무나도 허망하게 전개됩니다.

헤롯의 생일이 되어 대신들과 천부장들과 갈릴리의 귀인들로 더불어 잔치할 때에 헤로디아의 딸이 친히 들어와 춤을 추어 헤롯과 그와 함께 앉은 자들을 기쁘게 하였습니다. 이에 헤롯은 그 소녀에게 무엇이든지 네가 원하는 것을 내게 구하라 내가 주리라고 하며 맹세하기를 무엇이든지 네가 내게 구하면 내 나라의 절반까지라도 주리라 하였습니다. 이에 헤로디아의 딸은 어머니 헤로디아에게 묻고 그 어머니의 시킴을 따라 '세례 요한의 머리를 소반에 얹어 곧 내게 주기를 원하옵나이다'라 하였습니다. 이에 헤롯은 심히 근심하였으나 자기가 맹세한 것과 그 앉은 자들로 인하여 거절할 수 없었습니다. 이에 왕이 곧 시위병 하나를 보내어 요한의 머리를 가져오라 명하니 그 사람이 나가 옥에서 요한을 목 베어 그 머리를 소반에 얹어다가 소녀에게 주니 소녀가 이것을 그 어머니에게 주었습니다. 요한의 제자들이 듣고 와서 시체를 가져다가 장사하였습니다.

01   예수님께서 열두 제자들을 파송하시면 주신 말씀에 관하여 나누어 봅시다.

02   세례 요한의 죽음에 관한 이야기가 주는 교훈은 무엇입니까?

03   헤롯이 세례 요한을 죽인 상황이 주는 의미를 나누어 봅시다.

되새김

예수님께서 제자들을 파송한 이야기보다 오히려 세례 요한의 죽음에 관한 이야기가 더 많은 분량으로 전해짐은 말씀을 전하는 삶에 다가오는 고난에 관하여 깊은 묵상을 하게 합니다. 고난은 실패자의 것이 아닙니다. 고난은 잘못된 선택의 결과가 아닙니다. 고난은 무능한 자의 것이 아닙니다. 고난은 믿음의 길입니다.

PART

14

오병이어의 이적
6장30~56절

Key Point

파송된 제자들이 돌아와 예수님은 그들을 쉬게 하시기 위하여 한적한 곳으로 가셨으나
오히려 그곳은 가장 큰 이적의 장소가 되었습니다. 이번 과는 오병이어의 이적과 제자들
에게 바다 위를 걸으심을 보이심과 게네사렛 땅에서 나아오는 사람들에게 치유를 행하
심에 관하여 전합니다.

　　오병이어의 말씀은 예수님의 십자가와 부활을 제외하고 유일하게 4복음서에 다 기록된 이야기입니다. 예수님의 탄생에 관한 말씀도 4복음서가 다 기록하지 않음을 감안할 때에 오병이어 말씀이 얼마나 중요한가를 알 수 있습니다. 요한복음은 오병이어의 이적을 유월절과 관련되어 시작합니다.

　　"마침 유대인의 명절인 유월절이 가까운지라"(요 6:4)

　　그리고 이 오병이어의 의미를 요한복음 6장 한 장에 걸쳐 설명합니다. 오병이어의 보다 깊은 메시지는 요한복음 성경공부를 통해서 살필 수 있을 것입니다.

　　이제 마가복음은 이 오병이어의 이적을 파송된 제자들의 귀환과 연결합니다. 사도들이 예수님께 모여 자기들이 행한 것과 가르친 것을 낱낱이 고하였습니다. 이에 예수님께서는 그들을 따로 한적한 곳에 가서 잠깐 쉬게 하십니다. 왜냐하면 오고 가는 사람이 많아 음식 먹을 겨를도 없었기 때문입니다. 이는 일시적인 일이 아니었습니다. 제2차 갈릴리 사역에서도 이미 주님께서는 식사하실 겨를도 없으셨습니다(막 3:20). 이제 제3차 갈릴리 사역에 더 많은 사람들이 예수님께 나아왔으며, 그 사역의 크기 또한 커졌습니다.

세례 요한의 죽음의 이야기가 제자들의 파송과 귀환 사이에 있는 바와 같이 이번 과에서는 오병이어에 관한 말씀 사이에 예수님께서 바다 위를 걸으심에 관하여 전합니다. 이는 다시금 그분이 누구이신가를 알게 합니다.

1. 제자들의 귀환과 한적한 곳으로 나아감을 살펴봅시다(30-32절).

파송된 제자들의 귀환에 예수님께서는 그들로 따로 한적한 곳에 가서 잠깐 쉬게 하십니다. 제2차 갈릴리 사역부터 예수님께서는 식사할 겨를도 없었습니다(막 3:20). 제3차 갈릴리 사역은 매우 분주하고 바쁜 일정이었습니다. 오고 가는 사람이 많아 음식 먹을 겨를도 없었습니다. 오병이어의 한 가지 배경이 예수님께서 자신의 사역이 드러나지 않게 하기 위함이었다면(마태복음) 또 한 가지의 배경은 제자들을 쉬게 하려는 목적 가운데 이루어집니다. 예수님께서는 제자들과 함께 따로 한적한 곳, 빈들로 향하십니다.

2. 사람들의 모임과 예수님께서 그들을 불쌍히 여기심을 살펴봅시다(33-34절).

예수님의 행적은 사람들에게 숨길 수 없었습니다. 그들이 가는 것을 보고 많은 사람들이 그들인 줄 알고 모든 고을로부터 도보로 그곳에 달려와 그들보다 먼저 갔습니다.

예수님께서는 큰 무리를 보시고 그 목자 없는 양 같음으로 인하여 불쌍히 여기시며 여러 가지로 가르치셨습니다.

3. 오병이어의 이적을 살펴봅시다(35-44절).

때가 저물어 갈 때에 제자들이 예수님께 '이 곳은 빈 들이요 날도 저물어가니 무리를 보내어 두루 촌과 마을로 가서 무엇을 사 먹게 하옵소서'라 하였습니다. 이에 예수님께서는 '너희가 먹을 것을 주라' 하셨습니다. 제자들은 그들을 먹이기 위해서는 200 데나리온의 떡이 필요하다고 하였습니다. 이에 예수님께서는 '너희에게 떡 몇 개나 있는지 가서 보라' 하시고 제자들은 떡 다섯 개와 물고기 두 마리가 있음을 전하였습니다.

예수님께서는 제자들을 명하여 모든 사람으로 떼를 지어 푸른 잔디 위에 앉게 하시어 떼로 백 명씩 또는 오십 명씩 앉게 하였습니다. 예수님께서는 떡 다섯 개와 물고기 두 마리를 가지사 하늘을 우러러 축사하시고 떡을 떼어 제자들에게 주어 사람들에게 나누어 주게 하시고 또 물고기 두 마리도 모든 사람에게 나누시매 다 배불리 먹고 남은 떡 조각과 물고기를 열두 바구니에 차게 거두었으며 떡을 먹은 남자는 오천 명이었습니다.

4. 예수님께서 물 위를 걸으심을 살펴봅시다(45-52절).

제자들을 쉬게 하시기 위하여 한적한 곳을 찾으셨던 주님께서는 제자들을 재촉하여 자기가 무리를 보내는 동안에 배 타고 앞서 건너편 벳새다로 가게 하시고 무리를 작별하신 후에 기도하러 산으로 가셨습니다.

예수님께서 바다 위를 걸으심에 관한 말씀은 마태복음을 통해서 자세히 살필 수 있습니다. 마가복음은 예수님께서 물 위를 걸으신 이야기를 오병이어의 이적과 연결합니다. 이 두 이적은 모두 예수 그리스도의 신성을 나타내심으로 말미암아 그분이 누구이신가를 알게 합니다.

5. 게네사렛에서 병자들을 고치심을 살펴봅시다(53-56절).
예수님과 제자들은 건너가 게네사렛 땅에 이르러 대고 배에서 내리니 사람들이 곧 예수님이신 줄 알고 그 온 지방으로 달려 돌아다니며 예수께서 어디 계시다는 말을 듣는 대로 병든 자를 침상째로 메고 나아왔습니다. 아무 데나 예수님께서 들어가시는 지방이나 도시나 마을에서 병자를 시장에 두고 예수님께 그의 옷 가에라도 손을 대게 하시기를 간구하고 손을 대는 자는 다 성함을 얻었습니다.

묵 상

01   오병이어 이적이 주는 교훈에 관하여 나누어 봅시다.

02   예수님께서 바다 위를 걸으심으로 보여주시는 바는 무엇입니까?

03   게네사렛의 여러 믿음의 사람들에 관하여 나누어 봅시다.

되새김

나사렛에서 배척으로 말미암아 권능을 보이지 않으신 예수님께서는 다시 오병이어의 이적을 행하시고 바다 위를 걸으시고, 게네사렛에서 많은 권능을 행하셨습니다. 참으로 주님을 믿는 자들은 주님의 권능을 맛보게 됩니다. 그는 하늘의 양식으로 먹이시며 모든 것을 주관하시며, 우리를 치유하시는 주가 되십니다.

PART

15

장로들의 전통
7장1~23절

Key Point

오병이어의 이적을 행하시고 예수님께서 자신의 신적인 권능을 보이시며 사람들이 고침을 받을 때에 바리새인들과 서기관들은 장로의 전통을 가지고 논쟁하였습니다. 저들의 전통은 오히려 외식을 가지고 오며 하나님의 계명을 버림이 되었습니다.

앞서 오병이어의 이적을 경험한 자들이 빈들까지 따라옴에 예수님께서는 목자 없는 양 같음을 인하여 불쌍히 여기셨습니다. 그들은 참된 말씀에 갈급함과 그들의 병에 대한 고통 가운데 예수님께로 나아왔습니다. 그러나 예루살렘에서 온 전혀 다른 부류의 사람들이 있었습니다. 그들은 바리새인들과 서기관으로 참된 가르침을 얻기 위함도 병의 고침을 위함도 아닌 예수님을 배척하는 사람들이었습니다.

장로들의 전통에 관한 말씀은 마가복음에 나오는 일곱 번째 긴 이야기이며, 예수님께서는 장로들의 전통에 관한 이번 논쟁을 통해서 세 가지를 교훈합니다.

1. 예루살렘에서 온 바리새인들과 서기관들의 질문을 살펴봅시다(1-2절).

첫 번째 교훈은 자세입니다. 예루살렘에서 온 바리새인들과 서기관들은 어떠한 자세로 주님께 나아왔는지를 보여줍니다. 예루살렘에서 온 자들은 자신들의 기득권이 위협을 받고 있다고 여기며 예수님을 더욱 적극적으로 배척하기 시작합니다. 사람들이 예수님 앞에 나아올 때에는 말씀에 대한 갈급함으로, 그들의 병으로 말미암은 고통 가운데 나아왔습니다. 그러므로 그들의 자세와 태도는 겸손하였으며 주님의 은혜를 구하였습니다. 그러나 여기 있는 바리새인들과 서기관들에게는 이러한 태도가 없었습니다. 다만 그들은 예수님의 제자 중 몇 사람이 부정한 손 곧 씻지 아니한 손으로 떡 먹는 것을 보았습니다.

마태복음에 비해 마가복음은 장로들의 전통에 관하여 자세하게 전합니다.

"바리새인들과 모든 유대인들은 장로들의 전통을 지키어 손을 잘 씻지 않고서는 음식을 먹지 아니하며 또 시장에서 돌아와서도 물을 뿌리지 않고서는 먹지 아니하며 그 외에도 여러 가지를 지키어 오는 것이 있으니 잔과 주발과 놋그릇을 씻음이러라"(3-4절)

이는 유대의 풍습과 전통에 익숙하지 않은 독자를 고려하였기 때문입니다.

바리새인들과 서기관들은 예수님께 묻기를 '어찌하여 당신의 제자들은 장로들의 전통을 준행하지 아니하고 부정한 손으로 떡을 먹나이까'라 하였습니다.

2. 장로들의 전통에 대한 예수님의 가르침을 살펴봅시다(6-23절).
장로들의 전통에 관한 예수님의 가르침은 하나님의 계명은 버리고 사람의 전통을 지키었다는 것입니다.

"이사야가 너희 외식하는 자에 대하여 잘 예언하였도다 기록하였으되 이 백성이 입술로는 나는 공경하되 마음은 내게서 멀도다 사람의 계명으로 교훈을 삼아 가르치니 나를 헛되이 경배하는도다 하였느니라"(6-7절)

두 번째 교훈은 이들이 무엇을 중히 여겼는가입니다. 이들은 하나님의 계명보다 사람의 전통을 더 중요하게 여겼습니다. 그 증거는 하나님의 계명을 버리고 사람의 전통을 지킴에 있습니다.

사람의 전통을 더 중요하게 여기는 이들에게는 결국 마음으로 하나님께 멀게 합니다. 입술로는 하나님을 공경하지만 이들의 마음은 하나님께 먼 것입니다.

사람의 전통을 더 중요하게 여기는 이들은 하나님을 헛되게 경배합니다. 사람의 계명으로 교훈을 삼아 가르치는 것은 하나님을 참되게 예배함이 아닌 것입니다.

사람의 전통을 더 중요하게 여기는 이들은 결국 사람의 전통을 지키기 위하여 하나님의 계명을 버립니다.

예수님께서는 이들이 하나님의 계명은 버리고 사람의 전통을 지키는 한 예로 '고르반'에 관하여 말씀하십니다. 부모에게 효를 행하는 일보다 하나님을 섬기는 일을 우선이라고 하여 결국 부모 공경에 대한 하나님의 계명을 어기게 됩니다.

구체적으로, 그 부모를 봉양할 책임이 있는 자녀라도 그가 자신의 재산을 하나님께 드릴 것이라고 의사 표시를 하면 부모님의 봉양 책임이 면제되며 부모님을 공경하지 않아도 된다고 한 것입니다. '고르반'이란 말은 히브리어로 제물이란 뜻입니다. 제물은 이미 하나님의 소유가 된 것이니 그것으로 부모를 섬길 수 없다고 하여 부모님을 공경하라고 하신 하나님의 계명을 스스로 범했던 것입니다.

3. 무리에게 주신 예수님의 가르침을 살펴봅시다(14-23절).

세 번째 교훈은 우리의 마음을 살피게 합니다. 예수님께서는 무리를 다시 불러 이르시기를 '무엇이든지 밖에서 사람에게로 들어가는 것은 능히 사람을 더럽게 하지 못하되 사람 안에서 나오는 것이 사람을 더럽게 하는 것이니라'고 하셨습니다. 무리를 떠나 집으로 들어가셨을 때에 제자들이 그 비유를 물었습니다. 이에 예수님께서는 비유를 설명해 주셨습니다.

"너희도 이렇게 깨달음이 없느냐 무엇이든지 밖에서 들어가는 것이 능히 사람을 더럽게 하지 못함을 알지 못하느냐 이는 마음으로 들어가지 아니하고 배로 들어가 뒤로 나감이라 이러므로 모든 음식물을 깨끗하다"(18-19절)

"사람에게서 나오는 그것이 사람을 더럽게 하느니라 속에서 곧 사람의 마음에서 나오는 것은 악한 생각 곧 음란과 도둑질과 살인과 간음과 탐욕과 악독과 속임과 음탕과 질투와 비방과 교만과 우매함이니 이 모든 악한 것이 다 속에서 나와서 사람을 더럽게 하느니라"(20-23절)

사람 안에서 나오는 것이 사람을 더럽게 합니다. 이는 정결법에 대한 폐지를 선언합니다. 정결법에 의하면 부정한 것을 가까이 하는 것, 부정한 것이 사람을 부정하게 하는 것입니다. 그러나 예수님께서는 밖에서 사람에게로 들어가는 것이 사람을 더럽게 하지 못한다고 하셨습니다. 밖에서 사람에게 들어가는 것은 곧 음식으로 음식은 마음으로 들어가지 않고 배로 들어가 뒤로 나갑니다.

음식이 사람을 부정하게 하는 것이 아니라 사람에게서 나오는 것이 사람을 더럽게 합니다. 사람의 마음에서 나오는 것은 악한 생각 곧 음란과 도둑질과 살인과 간음과 탐욕과 악독과 속임과 음탕과 질투와 비방과 교만과 우매함입니다. 이러한 모든 악한 것이 다 속에서 나와서 사람을 더럽게 하는 것입니다.

묵상

01 장로들의 전통의 문제에 관하여 나누어 봅시다.

02 밖에서 사람에게 들어가는 것과 사람 안에서 나오는 것은 무엇을 의미합니까?

03 장로들의 전통에 관하여 주신 세 가지 메시지에 관하여 나누어 봅시다.

되새김

하나님의 말씀이 아닌 전통을 지키는 자들은 외식하게 되었습니다. 그들은 전통을 위하여 하나님의 계명을 버렸습니다. 저들은 전통을 지키나 정작 알아야 할 바는 음식이 사람을 더럽게 하는 것이 아니라 사람으로부터 나오는 악한 생각이 사람을 더럽게 하는 것입니다.

PART

16

수로보니게 여인의 믿음
7장24~37절

Key Point

수로보니게 여자의 믿음 이야기는 장로들의 전통을 지킴과 대조됩니다. 더욱 중요한 바는 사도행전에서 베드로가 백부장 고넬료를 만남이 이방인 선교의 문을 엶과 같이 수로보니게 여자의 믿음의 이야기는 예수님께서 이방인 선교의 문을 여심과 같습니다.

본문 이해

앞서 장로들의 전통에 관한 논쟁에서 예수님께서는 세 번째 교훈으로 무엇이든지 밖에서 사람에게로 들어가는 것은 능히 사람을 더럽게 하지 못하되 사람 안에서 나오는 것이 사람을 더럽게 하는 것이라고 하셨습니다. 이는 음식만이 아닌 이방인에 대한 관점도 새롭게 하시는 것입니다. 베드로가 고넬료에게 이끄심을 받기 전에 하나님께서는 그에게 환상 중에 부정한 짐승들을 보이시며 잡아먹으라고 하셨습니다(행 10:11-16). 하나님께서는 음식이 사람을 더럽게 할 수 없음만이 아닌 이방인의 구원에 대한 교훈까지 전하십니다.

1. 예수님께서 두로 지방에 가심을 살펴봅시다(24절).

이전에 예수님께서 빈들로 나아가심과 같이 두로로 가심은 그들에게 복음을 전하시기 위함이 아니었습니다. 왜냐하면 예수님께서는 두로 지방으로 가서 한 집에 들어가 아무도 모르게 하시고자 하였기 때문입니다. 자신이 명성이 드러날 때에 오히려 예수님께서는 자신을 감추셨습니다. 예수님께서는 이 땅에 자신의 명성을 위하여 오신 것이 아니시기에 자신의 사역을 온전히 이루시기 위하여 자신을 감추고자 하셨던 것입니다. 그러나 오히려 빈들에서 가장 많은 사람들의 모임의 장소가 된 바와 같이 한 집에서 감추셨으나 숨길 수 없었습니다.

2. 수로보니게 여자의 간구를 살펴봅시다(25-26절).

장로들의 전통으로 예수님을 배척했던 예루살렘에서 온 바리새인들과 서기관과 달리 예수님의 소문을 듣고 온 수로보니게 족속의 여인은 주님의 발 아래에 엎드렸습니다. 더러운 귀신 들린 어린 딸을 둔 이 여인은 헬라인이며 수로보니게 족속으로 자기 딸에게서 귀신을 쫓아내 주시기를 간구하였습니다.

3. 예수님의 거절과 수로보니게 여인의 믿음을 살펴봅시다(27-20절).

예수님께서는 간구하는 이 여인을 마치 모욕하시는 것과 같은 말씀을 하셨습니다.

"자녀로 먼저 배불리 먹게 할지니 자녀의 떡을 취하여 개들에게 던짐이 마땅치 아니하니라"(27절)

마가는 이 여인의 말을 한 번 기록하였습니다. 이는 그의 믿음을 대표하는 말이기 때문입니다.

"주여 옳소이다마는 상 아래 개들도 아이들이 먹던 부스러기를 먹나이다"(28절)

이는 하나님께서 이 여인에게 주신 지혜입니다. 여인은 끝까지 그의 고백을 잃지 않았습니다. 자신이 모욕된 그 순간에도 여인은 '주여'라는 흔들림 없는 믿음을 가졌습니다. 여인은 주님의 말씀을 부정하지 않았습니다. 여인은 주님의 말씀에 동의하였습니다. 그는 여전히 '아멘'으로 고백한 것입니다. 주님에 대한 고백과 말씀에 대한 고백이 있었습니다. 그리고 여인은 더 나아가 믿음으로 간구하였습니다.

믿음의 간구는 은혜와 긍휼에 대한 간구입니다. 이 여인의 간구 또한 참된 믿음이 무엇인지를 보여주었습니다. 이에 주님께서는 '이 말을 하였으니 돌아가라 귀신이 네 딸에게서 나갔느니라'(29절)고 하셨습니다. 여인이 집에 돌아가 보니 아이가 침상에 누웠고 귀신이 나갔습니다.

4. 귀 먹고 말 더듬는 자를 고치심을 살펴봅시다(31-37절).

이전에 예수님께서는 게네사렛 땅에서 치유를 베푸셨습니다. 이는 유대 지역에서 행하신 이적입니다. 이번에 예수님께서는 두로 지방에서 나와 시돈을 지나고 데가볼리 지방을 통과하였습니다. 이는 이방 지역을 지나시며 복음을 전하심을 보이시는 것입니다. 예수님께서 이르신 갈릴리 호수는 유대인 지역이 아닌 이방 지역을 의미합니다. 예수님의 갈릴리 호숫가의 사역은 마가복음에서 전하는 여덟 번째 긴 이야기입니다(막 7:31-37). 이곳에서의 역사에 관하여 마태복음 15장29-31절에서는 무리가 보고 놀라게 여기며 '이스라엘의 하나님께 영광을 돌리니라'고 기록하고 있습니다. 마태복음에서는 이 갈릴리 호숫가의 많은 사람들에 관하여 전하나 마가복음은 한 사람 곧 귀 먹고 말 더듬는 자에 관하여 주목합니다.

사람들이 귀 먹고 말 더듬는 자를 데리고 예수님께 나아와 안수하여 주시기를 간구하였습니다. 예수님께서 그 사람을 따로 데리고 무리를 떠나 손가락을 그의 양 귀에 넣고 침을 뱉어 그의 혀에 손을 대시며 하늘을 우러러 탄식하시며 그에게 이르시기를 '에바다'(열리라) 하셨습니다. 이에 그의 귀가 열리고 혀가 맺힌 것이 곧 풀려 말이 분명하여졌습니다. 마가복음은 이처럼 주님께서 한 사람을 치유하심, 그 자세한 행위에 관하여 전해줍니다.

예수님께서는 그들에게 경고하시며 아무에게도 이르지 말라 하셨으나 경고하실수록 그들이 더욱 널리 전파하였습니다. 사람들이 심히 놀라 이르기를 '그가 모든 것을 잘하였도다 못 듣는 사람도 듣게 하고 말 못하는 사람도 말하게 한다'(37절)라 하였습니다.

01   수로보니게 여자의 믿음이 주는 의미에 관하여 나누어 봅시다.

02   수로보니게 여자의 믿음에 관하여 나누어 봅시다.

03   귀 먹고 말 더듬는 자의 치유가 주는 교훈에 관하여 나누어 봅시다.

되새김

수로보니게 여인은 자신의 딸의 문제로 주님 앞에 나아왔습니다. 그러나 그 여인의 믿음은 이방인의 믿음을 대표하며, 이방인의 구원의 문을 여는 역할을 하였습니다. 나의 믿음은 자신과 가족만이 아닌 많은 사람들의 복음의 문을 여는 역할을 하는 것입니다.

PART

17

칠병이어의 이적
8장1~26절

Key Point

유대인에게 행하신 이적인 오병이어의 이적이 있다면 이방인들에게 행하여진 이적은 칠
병이어의 이적입니다. 바리새인들은 표적을 구하나 예수님께서는 바리새인들과 헤롯의
누룩을 주의하라 하셨습니다. 예수님께서는 벳새다의 맹인을 치유하심으로 자신이 약속
된 그리스도이심을 밝히십니다.

예수님께서 수로보니게 족속 여인의 딸을 고치신 두로를 떠나 갈릴리 호수에 이르셨습니다.

"예수께서 다시 두로 지방에서 나와 시돈을 지나고 데가볼리 지방을 통과하여 갈릴리 호수에 이르시매"(막 7:31)

이는 계속적으로 주님께서 이방인의 지역에 머무셨음을 의미하며 칠병이어의 이적은 유대인에게 행하신 이적이 아닌 이방 지역에서 행하신 것입니다.

1. 무리를 향한 주님의 마음을 살펴봅시다(1-3절).

그 무렵에 또 큰 무리가 있었으나 먹을 것이 없었습니다. 앞서 벳새다에서 오병이어의 이적을 행하실 때에는 제자들이 먼저 예수님께 여쭈었으나 칠병이어의 이적에는 예수님께서 먼저 제자들에게 말씀하십니다.

"내가 무리를 불쌍히 여기노라 그들이 나와 함께 있은 지 이미 사흘이 지났으나 먹을 것이 없도다 만일 내가 그들을 굶겨 집으로 보내면 길에서 기진하리라 그 중에는 멀리서 온 사람들도 있느니라"(2-3절)

오병이어의 이적 가운데에서는 큰 무리를 보실 때에 불쌍히 여기셨습니다. 칠병이어의 이적은 그들이 사흘 동안이나 예수님과 함께 광야에 있었습니다. 예수님은 그들을 불쌍히 여기셨습니다. 그들은 사흘 동안이나 양식이 떨어진 가운데에서도 주님을 떠나지 않았습니다. 그들은 육신의 필요를 채우기 위함이 아니었습니다. 그들 중에는 주님의 말씀을 듣기 위하여 먼 곳에서 온 사람들도 있었습니다.

2. 칠병이어의 이적을 살펴봅시다(1-10절).

앞서 오병이어 이적의 시간은 한 날의 저문 때였으나 칠병이어의 이적 가운데 사람들은 사흘 동안이나 예수님과 함께 하였습니다.

오병이어 이적의 장소는 푸른 잔디 위였으나 칠병이어의 장소는 광야며 땅 위였습니다.

	오병이어	칠병이어
기적의 장소	벳새다의 빈들 잔디	데가볼리의 광야
기적의 대상	이스라엘 백성	이방인
기적의 시간	하루(저녁)	사흘 후
인 원	5천명	4천명
남은 것	열두 바구니	일곱 광주리

3. 바리새인들이 표적을 구함을 살펴봅시다(11-13절).

앞선 장로들의 전통에 관한 논쟁 이후의 수로보니게 족속 여인의 믿음에 관한 말씀으로부터 칠병이어의 말씀까지는 이방인에 관한 말씀이었습니다. 이제 다시 바리새인들이 등장하나 이들은 오히려 예수님을 힐난하며, 시험하며, 하늘로부터 오는 표적을 구하였습니다. 이러한 이들의 불신앙에 예수님께서는 마음속으로 깊이 탄식하시며 '어찌하여 이 세대가 표적을 구하느냐 내가 진실로 너희에게 이르노니 이 세대에 표적을 주지 아니하리라'(12절) 하시고 그들을 떠나 다시 배에 올라 건너편으로 가셨습니다.

4. 바리새인들의 누룩과 헤롯의 누룩을 주의하라 하심을 살펴봅시다(14-21절).

바리새인들이 표적 구함에 책망하신 예수님께서는 제자들에게 삼가 바리새인들의 누룩과 헤롯의 누룩을 주의하라 하셨습니다. 그들을 향하여 책망하실 뿐만 아니라 이제는 그들의 불신앙은 제자들에게 경계하며 주의해야 할 바가 됨을 깨닫게 하심입니다. 그들의 불신앙은 누룩과 같은 것입니다.

그러나 제자들은 이러한 주님의 경계하심에도 불구하고 그들에게 떡이 없음을 통하여 논의하였습니다. 예수님은 떡 다섯 개로 오천 명을 먹이시고 떡 일곱 개로 사천 명을 먹이셨습니다. 예수님은 떡이 없음을 통해서 말씀하시는 바가 아닙니다. 예수님의 책망하심은 떡의 누룩이 아닌 바리새인과 헤롯의 교훈을 가르치는 것입니다. 바리새인들의 누룩은 그들의 외식으로 말미암은 위선을 가르치며, 헤롯의 누룩은 세속주

의로 말미암은 불신앙에 관하여 경고하심입니다.

5. 벳새다의 맹인을 치유하심을 살펴봅시다(22-26절).

벳새다의 맹인을 치유하신 이야기는 7장31-37절의 귀 먹고 말 더듬는 자의 치유 이야기와 쌍을 이룹니다. 그 이적은 모두 사람들이 병자를 예수님께 인도합니다. 한 사람은 듣지 못하는 자이며, 한 사람은 보지 못하는 자입니다. 두 이적은 모두 예수님께서 그들을 따로 데리시고 나가 치유하시며, 특별한 예수님의 치유 행위에 관하여 알립니다. 두 이적은 모두 비밀스러운 경고의 말씀이 주어집니다. 귀 먹고 말 더듬는 자의 치유에 있어서는 사람들에게 아무에게도 이르지 말라 하시며, 벳새다의 맹인에게는 마을에는 들어가지 말라고 합니다. 이처럼 유사한 두 치유 이적은 각각 사람들의 놀라움과 고백을 가지고 옵니다. 사람들은 그가 모든 것을 잘하였도다 하였으며 벳새다 맹인의 치유 이후 말씀은 베드로의 신앙고백이 이어지고 있습니다. 이는 육체의 질병인 귀 먹고 말 더듬는 자와 맹인을 고치심으로 복음에 관하여 귀먹고 말 더듬으며, 보지 못하는 우리들을 치유하심이 되는 것입니다.

묵상

01 오병이어와 칠병이어를 비교하여 봅시다.

02 바리새인과 헤롯의 누룩은 무엇입니까?

03 벳새다 맹인 치유의 의미에 관하여 나누어 봅시다.

되새김

이방인과 이방 지역에서 베풀어진 복음의 역사는 믿는 자들에게 도전을 줍니다. 그러나 바리새인들은 여전히 표적을 구하였습니다. 예수님께서는 바리새인과 헤롯의 누룩을 주의하라 하셨으며 더 나아가 벳새다의 맹인을 치유하심으로 우리의 영적인 눈이 떠져야 할 것을 교훈하십니다.

마가복음

예루살렘 중심 활동
(8:27–15:47)

제5부

상경기
(8:27–10:52)

PART

18

베드로의 신앙고백과
첫 번째 수난 예고
8장27~9장1절

Key Point

예수님의 갈릴리 중심 활동에서 예루살렘 중심 활동으로 전환이 된 사건이 바로 베드로의 신앙고백입니다. 베드로의 신앙고백 이후에 예수님께서는 수난에 대한 예고를 하심으로 수난을 준비하게 하십니다. 수난을 향한 길을 떠나기 전에 마지막 이야기들이 9장 마지막까지 이어집니다.

본문 이해

마가복음 8장27절 이하의 빌립보 가이사랴에서 베드로의 신앙고백
은 마가복음의 큰 흐름의 전환점이 됩니다. 베드로의 신앙 고백은 참
되고 진실되게 예수 그리스도가 누구이신가를 드러냄으로 절정에 이르
게 되지만 이러한 때에 예수 그리스도는 참되게 그분이 이 땅에 오신 목
적에 관하여 말씀하십니다. 예수님의 고백과 수난의 예고는 이와 같이
오버랩 되어 이제는 수난을 향한 말씀으로 전환됩니다.

마가복음의 예수님의 활동은 크게 갈릴리 중심의 활동과 예루살렘 중
심의 활동으로 나누어집니다. 갈릴리 활동 가운데에도 이방 지역에 대
한 활동이 있지만 이는 갈릴리를 거점으로 한 활동이라는 점에 있어서
역시 갈릴리 중심의 활동이라고 할 수 있습니다. 갈릴리 중심의 활동은
제자를 부르시고, 세우시고, 파송하심을 기점으로 해서 제1차, 2차, 3
차 갈릴리 활동으로 나뉩니다.

이제 예루살렘 중심의 활동은 11장 이후부터이나 8장27절의 베드
로의 신앙고백 후에 예수님께서 수난 예고를 말씀하시며 예수님의 사
역은 예루살렘 사역으로 향하게 됩니다. 이러한 구체적인 모습이 10장
의 상경기를 통해서 나타납니다. 그러므로 수난 예고까지 상경기에 포
함시키며 더 나아가 이 또한 예루살렘 중심 활동으로 정리합니다. 이

전에 말씀하셨던 하나님 나라에 대한 복음이 십자가 복음으로 전환되는 것입니다.

■ 마가복음 8장27-9장50절의 구조적 이해

막 8:27-30: 베드로의 신앙고백

막 8:31-9:1: 첫 번째 수난예고

막 9:2-13: 변모산 사건

막 9:14-29: 귀신들린 아이를 고치심

막 9:30-32: 두 번째 수난예고

막 9:33-37: 누가 크냐의 논쟁

막 9:38-40: 우리를 따르지 아니하는 자

막 9:41-50: 공동체의 화목함을 위한 교훈

1. 베드로의 신앙 고백의 말씀을 살펴봅시다(27-30절).

예수님과 제자들이 빌립보 가이사랴 여러 마을로 나가실새 길에서 제자들에 물으셨습니다. 특별히 이 질문이 '길'에서 이루어졌음은 상징적인 의미를 가집니다. 이는 우리들의 바른 신앙고백만이 온전한 믿음의 길임을 깨닫게 합니다.

"사람들이 나를 누구라고 하느냐"(27절)

제자들은 '세례 요한이라 하고 더러는 엘리야, 더러는 선지자 중의 하나라 하나이다'(28절)라고 대답하였습니다. 이에 예수님께서는 다시 물으셨습니다.

"너희는 나를 누구라 하느냐"(29절)

이에 베드로는 '주는 그리스도시니이다'라고 고백하였습니다. 베드로의 고백에 예수님께서는 자기의 일을 아무에게도 말하지 말라 경고하셨습니다. 참된 고백 가운데에서도 이에 대한 왜곡이 있을 수 있기 때문입니다.

마태복음의 말씀에 비하여 베드로의 신앙고백 후의 예수님의 칭찬과 더불어 그에게 주시는 여러 말씀이 나타나지 않음은 마가복음의 특징으로 수난에 대한 강조로 말미암은 것입니다. 고난과 순교의 현장에 있는 자들에게 교회를 세움에 관한 말씀이 아닌 수난 자체에 대한 의미와 교훈을 주시는 것입니다.

2. 첫 번째 수난 예고에 관하여 살펴봅시다(31절).
베드로의 신앙고백에 관하여 오히려 엄히 경계하신 후에 참된 그리스도의 길에 관하여 알게 하십니다.

"인자가 많은 고난을 받고 장로들과 대제사장들과 서기관들에게 버린 바 되어 죽임을 당하고 사흘 만에 살아나야 할 것을 비로소 그들에

게 가르치시되"(31절)

베드로의 신앙 고백을 경계하신 이유는 그분이 그리스도임을 고백함에도 불구하고 여전히 그리스도의 길에 관하여는 무지하였기 때문입니다. 예수님의 세 차례의 수난 예고 직후에 베드로의 만류와, 제자들의 누가 크냐의 논쟁, 세베대의 두 아들들의 요구는 그들이 그리스도에 관하여 무지하고 오해하고 있었음을 확연하게 드러내는 것입니다.

3. 베드로를 책망하심을 살펴봅시다(32-33절).

베드로는 온전한 신앙 고백을 하였으나 참되게 그리스도의 일을 알지 못하였습니다. 그러므로 예수님께서 드러내 놓고 말씀을 하실 때에 베드로가 예수님을 붙들고 항변하였습니다. 이에 예수님께서는 제자들을 보시며 베드로에게 꾸짖어 이르시기를 '사탄아 내 뒤로 물러가라 네가 하나님의 일을 생각하지 아니하고 도리어 사람의 일을 생각하는도다'(33절)라고 하셨습니다. 그리스도의 일은 하나님의 일이었습니다. 그러나 베드로가 생각한 일은 사람의 일이었습니다. 사탄은 하나님의 일이 아닌 사람의 일을 생각하게 합니다. 그러므로 예수님께서는 베드로를 향하여 매우 강한 책망으로 '사탄아 내 뒤로 물러가라'고 하셨던 것입니다. 예수님께서는 베드로를 책망하시면서도 그 생각 속에 역사하는 사탄에 관하여 명하셨습니다.

4. 무리와 제자들에게 교훈하심을 살펴봅시다(8장34절-9장1절).

주님을 따를 수 있는 길은 자기 부인과 자기 십자가 없이는 따를 수 없는 길입니다.

"누구든지 나를 따라오려거든 자기를 부인하고 자기 십자가를 지고 나를 따를 것이니라"(34절)

"누구든지 자기 목숨을 구원하고자 하면 잃을 것이요 누구든지 나와 복음을 위하여 자기 목숨을 잃으면 구원하리라"(25절)

앞선 자기 부인과 십자가를 따름에 대한 부연 설명과 같습니다. 주님을 따른다는 것은 곧 주를 위하여 제 목숨을 잃는 것과 같은 것입니다. 자기 부인과 십자가가 없는 삶은 제 목숨을 구원하고자 하는 것이며 이러한 자는 잃을 것이며, 자기 부인과 자기 십자가가 있는 자는 주를 위하여 제 목숨을 잃는 자이며 이러한 자는 구원할 것입니다.

"누구든지 이 음란하고 죄 많은 세대에서 나와 내 말을 부끄러워하면 인자도 아버지의 영광으로 거룩한 천사들과 함께 올 때에 그 사람을 부끄러워하리라"(38절)

"사람이 만일 온 천하를 얻고도 제 목숨을 잃으면 무엇이 유익하리요 사람이 무엇을 주고 제 목숨과 바꾸겠느냐"(26절)

목숨은 가장 소중한 것입니다. 진정으로 살펴야 할 것은 자기 목숨이며 이 목숨을 진정으로 위함은 십자가의 길뿐입니다.

"또 그들에게 이르시되 내가 진실로 너희에게 이르노니 여기 서 있는 사람 중에 죽기 전에 하나님의 나라가 권능으로 임하는 것을 볼 자들도 있느니라 하시니라"(9장1절)

마지막으로 예수님께서는 자신을 다시 한번 인자라 말씀하시며 인자가 아버지의 영광으로 그 천사들과 함께 올 것을 말씀하셨습니다. 이는 예수 그리스도의 고난과 죽음 부활을 지나 마지막 재림에 관한 말씀을 전해주시는 것입니다. 여기 서 있는 사람 중에 죽기 전에 인자가 그 왕권을 가지고 오는 것을 볼 자들도 있다 하심은 변모산 사건을 예고하심으로 그 영광을 미리 보여주심이 됩니다.

묵상

01 베드로의 신앙고백에 관하여 아무에게도 말하지 말라고 경고하신 이유는 무엇입니까?

02 베드로가 책망을 받음에 관하여 나누어 봅시다.

03 주님을 따르는 자에게 주시는 교훈을 나누어 봅시다.

되새김

벳새다의 맹인이 보기는 보지만 온전히 보지 못하였던 바와 마찬가지로 베드로의 신앙고백은 예수님을 그리스도로 고백함에도 불구하고 그리스도의 사역에 관하여 온전히 보지 못하였습니다. 예수님께서는 이번 과를 통해서 자신이 그리스도임과 또한 자신이 져야 할 십자가에 관하여 알게 하셨습니다. 그리고 그 십자가의 길은 곧 성도의 길인 것입니다.

PART

19

변모산 사건과
귀신 들린 아이를 고치심
9장2~29절

Key Point

첫 번째 수난 예고 후에 변모산의 체험을 주심은 두려움 가운데 있는 제자들을 위로하시기 위함입니다. 또한 산 아래에서 귀신 들린 아이를 고치심은 하나님의 은혜가 어떻게 믿는 자에게 역사하시는지를 보여주시는 것입니다.

베드로의 신앙고백 후에 첫 번째 수난 예고의 말씀을 하심은 자신이 그리스도인 것을 고백하는 자에게 그리스도의 사역에 관하여 알게 하시는 것입니다. 이제 첫 번째 수난 예고 후에 변모산의 체험을 주심은 두려움 가운데 있는 제자들에게 하늘의 영광을 보이심으로 위로하시며, 수난이 하나님의 뜻을 이루시기 위한 주님의 자발적인 헌신이 됨을 보이시는 것입니다. 그리스도의 수난을 알게 하셨지만 또한 부활과 영광을 알게 하시는 것입니다. 또한 변모산의 체험을 한 제자들에게 산 아래에서 무기력함을 보게 하심은 하나님의 은혜의 역사는 기도 가운데 이루어짐을 알게 하시는 것입니다.

1. 변모산 사건을 살펴봅시다(2-13절).

예수님의 첫 번째 수난 예고에 이어진 사건은 변화산 사건입니다. 이 변화산 사건을 통해서 예수님께서는 제자들에게 그 영광의 모습을 보이셨습니다. 이는 한편으로 수난의 예고로 낙심과 두려움 가운데 있었던 제자들을 위로하시며, 더 나아가 십자가의 고난의 길이 피할 수 없는 강제와 불행으로 말미암은 것이 아닌 주님의 자발적인 뜻에 의한 것임을 알게 하십니다. 구체적인 변모산 사건의 일화는 마태복음을 참고합니다.

2. 변모산에서의 경고와 제자들의 질문을 살펴봅시다(9-13절).

산에서 내려올 때에 예수님께서는 경고하시기를 인자가 죽은 자 가운데서 살아날 때까지는 본 것을 아무에게도 이르지 말라 하셨습니다. 아직은 그의 영광의 모습을 보이는 것이 하나님의 의를 이루는데 적절하지 않았습니다. 예수님의 영광의 모습은 사람들에게 잘못된 메시야를 기대케 하는 것입니다. 또한 예수님의 영광의 모습은 불필요한 자극을 사람들에게 일으켜 박해를 가중시킬 우려가 있는 것입니다.

제자들은 이 말씀을 마음에 두며 서로 문의하기를 죽은 자 가운데서 살아나는 것이 무엇일까 하였습니다. 제자들은 예수님의 부활에 관하여 잘 이해하지 못하였습니다. 그러나 그들은 직접적으로 부활에 관하여 묻지 않고 엘리야에 관하여 물었습니다. 서기관들은 엘리야가 먼저 와야 메시야가 오심을 전하였습니다. 곧 제자들은 예수님의 가르침에 기초를 쌓지 못하고 서기관의 가르침을 바탕으로 하였습니다. 그들은 변모산의 체험을 통해서 엘리야를 경험하고 이 엘리야의 경험이 메시야 시대의 도래를 가지고 옮을 기대하였기 때문입니다.

이에 예수님께서는 엘리야의 과연 먼저 와야 하나 인자는 많은 고난을 받고 멸시를 당함에 관하여 알게 하시며, 더 나아가 엘리야는 제자들이 변모산에서 본 엘리야가 아닌 세례 요한인 것을 알게 하셨습니다.

3. 무리들이 제자들과 변론함을 살펴봅시다(14-15절).

귀신 들린 아이를 고치심은 변모산 사건과 연속되는 이야기이며 마가복음이 전하는 아홉 번째 긴 이야기입니다. 누가복음은 그 시간을 명확하게 밝혀서 '이튿날'이라 하였습니다(눅 9:37). 예수님께서 베드로, 야고보, 요한과 더불어 제자들에게로 돌아오셨을 때에 큰 무리가 그들을 둘러싸고 서기관들이 그들과 더불어 변론하고 있었습니다. 온 무리가 예수님을 보고 매우 놀라며 달려와 문안하였습니다. 제자들은 논쟁할 수 없는 주제를 가지고 논쟁하고 있었습니다. 곧 아이를 고치는 일에는 논쟁이 필요한 것이 아닌 능력이 필요하였습니다. 그러나 무력한 제자들은 다만 그들과 논쟁할 따름이었습니다.

예수님께서는 무리들에게 '너희가 무엇을 그들과 변론하느냐'고 물으셨습니다. 이에 무리 중의 하나가 대답하였습니다.

"선생님 말 못하게 귀신 들린 내 아들을 선생님께 데려왔나이다 귀신이 어디서든지 그를 잡으면 거꾸러져 거품을 흘리며 이를 갈며 그리고 파리해지는지라 내가 선생님의 제자들에게 내쫓아 달라 하였으나 그들이 능히 하지 못하더이다"(17-18절)

4. 예수님의 탄식과 책망의 말씀을 살펴봅시다(19절).

이미 예수님께서는 수많은 이적을 보여주셨습니다. 그럼에도 불구하고 믿지 못하는 세대를 향하여 책망하셨습니다.

"믿음이 없는 세대여 내가 얼마나 너희와 함께 있으며 얼마나 너희에게 참으리요"(19절)

많은 이적에도 불구하고 여전히 무리들에게는 불신앙이 가득하였습니다. 이러한 그들을 향하여 책망하시며 아이를 데려오라 말씀하셨습니다.

5. 아이의 상황과 아이의 아버지의 간구를 살펴봅시다(20-24절).

아이를 데리고 오니 그가 예수님을 볼 때에 귀신은 그 아이로 심히 경련을 일으키게 하고 아이는 땅에 엎드러져 구르며 거품을 흘렸습니다. 예수님을 바라볼 때에 이처럼 악한 영은 두려워하는 것입니다.

예수님께서는 그 아버지에게 언제부터 이렇게 되었는지 물었습니다.

"어릴 때부터니이다 귀신이 그를 죽이려고 불과 물에 자주 던졌나이다 그러나 무엇을 하실 수 있거든 우리를 불쌍히 여기사 도와 주옵소서"(21-22절)

그러나 이는 믿음의 말이 아니었습니다. 이에 주님께서는 아이의 아버지에게 말씀하셨습니다.

"할 수 있거든이 무슨 말이냐 믿는 자에게는 능히 하지 못할 일이 없

느니라"(23절)

이에 아이의 아버지는 소리를 지르며 말하였습니다.

"내가 믿나이다 나의 믿음 없는 것을 도와 주소서"(24절)

6. 예수님께서 귀신 들린 아이를 고치심을 살펴봅시다(25-27절).

예수님께서는 아이의 아버지의 대화 속에서 점점 더 많은 사람들이 모이는 것을 보시고 그 더러운 귀신을 꾸짖어 말씀하시기를

"말 못하고 못 듣는 귀신아 내가 네게 명하노니 그 아이에게서 나오고 다시 들어가지 말라"(25절)

하시니 귀신이 소리를 지르며 아이로 심히 경련을 일으키게 하고 나가 아이는 죽은 것 같이 되었습니다. 귀신은 마지막 나갈 때까지도 이러한 일을 행합니다. 사람들은 이에 아이가 죽었다 하나 예수님께서 그 손을 잡아 일으키시니 이에 일어섰습니다.

7. 제자들의 질문과 예수님의 답변을 살펴봅시다(28-29절).

제자들은 이미 앞서 귀신을 쫓아내는 권능을 받았고 그러한 경험을 가지고 있었습니다. 그럼에도 불구하고 지금 이 순간에는 너무나 무력하였습니다. 그러므로 그들은 집에 있을 때에 조용히 예수님께 물었습

니다.

"우리는 어찌하여 능히 그 귀신을 쫓아내지 못하였나이까?"(28절)

이에 예수님께서는 다음과 같이 말씀하셨습니다.

"기도 외에 다른 것으로는 이런 종류가 나갈 수 없느니라"(29절)

그들에게 부족한 것은 권능이 아닙니다. 제자들에게 부족했던 것은 경험이 아니었습니다. 그들에게 부족한 것은 기도였습니다. 기도 자체가 권능은 아닙니다. 그러나 기도는 하나님의 권능이 역사하게 하는 것입니다. 이미 하나님께서 능력을 주셨음에도 불구하고 기도하지 못하였던 제자들은 하나님의 권능을 행할 수 없었던 것입니다.

01 예수님께서 변모산에서의 영광의 모습을 제자들에게 보이신 이유에 관하
    여 나누어 봅시다.

02 귀신 들린 아이의 아버지의 믿음에 관하여 나누어 봅시다.

03 '기도 외에 다른 것으로는 이런 종류가 나갈 수 없느니라'(29절)는 말씀에
    관하여 나누어 봅시다.

되새김

산 위에서의 일과 산 아래의 일은 전혀 다른 이야기입니다. 산 위에서 제자들은
하나님의 영광과 은혜를 경험하였지만 산 아래에서 그들은 연약하고 무기력하
였습니다. 하나님의 은혜를 경험함이 필요합니다. 더 나아가 기도와 간구로 그
은혜가 우리들의 삶에 경험되어야 합니다. 이는 예수 그리스도의 구속의 사역과
성령의 사역의 차이가 됩니다.

PART

20

두 번째 수난 예고와 제자들의 논쟁
9장30~50절

Key Point

예수님의 첫 번째 수난 예고에 베드로는 하나님의 일을 구하지 아니하고 사람의 일을 구하여 책망을 받았습니다. 이제 두 번째 수난 예고 후에도 제자들은 그 의미를 온전히 깨닫지 못하고 누가 크냐는 논쟁을 하였습니다. 이번 과는 두 번째 수난 예고와 제자들의 여러 논쟁에 관하여 전합니다.

이번 과는 예수님의 두 번째 수난 예고와 제자들의 누가 크냐의 논쟁, 그들을 따르지 않는 자들에 관한 말씀과 마지막으로 실족하게 하는 자에 대한 경고의 말씀을 전합니다. 보다 주목해서 보아야 할 바는 10장으로부터는 수난을 위한 예루살렘 상경기가 시작됩니다. 주님의 길을 떠나기 전에 마지막 말씀임을 알 때에 이번 과의 여러 메시지들을 소중히 여길 수 있는 것입니다.

1. 두 번째 수난 예고를 살펴봅시다(30-32절).

베드로의 신앙 고백이 있은 직후에 예수님께서는 첫 번째 수난 예고를 행하시고 변모산의 모습과 귀신 들린 아이를 고치신 일을 행하셨습니다. 이제 그곳을 떠나 갈릴리 가운데로 지날 때에 아무에게도 알리고자 않으시고 제자들에게 두 번째 수난 예고를 행하셨습니다.

"인자가 사람들의 손에 넘겨져 죽임을 당하고 죽은 지 삼 일만에 살아나리라"(31절)

그러나 제자들은 이 말씀을 깨닫지 못하고 묻기도 두려워하였습니다.

2. 누가 크냐는 제자들의 논쟁을 살펴봅시다(33-37절).

가버나움에 이르러 집에 계실 때에 예수님께서는 제자들에게 '너희가 길에서 서로 토론한 것이 무엇이냐' 하셨습니다. 예수님의 두 번째 수난 예고가 있었던 때에 그들은 어리석게도 누가 크냐 논쟁하였습니다. 그들은 십자가의 사건을 이해하지 못하고 다만 주의 영광을 바라보며 기대하며 이제 주어질 영광 가운데 더 좋은 자리를 탐하였던 것입니다. 이에 잠잠한 그들에게 주님께서는 섬김에 관하여 알게 하셨습니다.

"누구든지 첫째가 되고자 하면 뭇 사람의 끝이 되며 뭇 사람을 섬기는 사람이 되어야 하리라"(35절)

예수님께서는 어린 아이를 통해서 교훈하셨습니다.

"누구든지 내 이름으로 이런 어린 아이 하나를 영접하면 곧 나를 영접함이요 누구든지 나를 영접하면 나를 영접함이 아니요 나를 보내신 이를 영접함이니라"(37절)

3. 요한의 우리를 따르지 않는 자에 관한 질문을 살펴봅시다(38-41절).

먼저 12제자의 공동체 안에서 다툼과 논쟁이 있었습니다. 이는 누가 크냐의 논쟁이었습니다. 이제 새로운 논쟁입니다. 그것은 이들 그룹에 속하지 않는 자에 대한 논쟁입니다.

요한은 예수님께 그들에 관하여 질문하였습니다.

"선생님 우리를 따르지 않는 어떤 자가 주의 이름으로 귀신을 내쫓는 것을 우리가 보고 우리를 따르지 아니하므로 금하였나이다"(38절)

이에 예수님께서는 누가 크냐의 논쟁에서 섬김을 가르치셨다면 반대하지 않는 자들은 우리를 위한 자들임을 알게 하셨습니다.

"금하지 말라 내 이름을 의탁하여 능한 일을 행하고 즉시로 나를 비방할 자가 없느니라 우리를 반대하지 않는 자는 우리를 위하는 자니라 누구든지 너희가 그리스도에게 속한 자라 하여 물 한 그릇이라도 주면 내가 진실로 너희에게 이르노니 그가 결코 상을 잃지 않으리라"(39-41절)

우리를 따르지 않는 자라 하는 자들에 관하여 예수님께서는 그들이 자신들을 비방하지 않음을, 그들은 우리를 위한 자들임을, 더 나아가 상급을 받을 자들임을 상기시키셨습니다.

4. 실족하게 하는 자에 대한 경고의 말씀을 살펴봅시다(42-50절).

예수님께서는 더 나아가 주를 믿는 작은 자들 중의 하나를 실족하게 하는 자에 대한 경고의 말씀을 주십니다. 이는 차라리 연자맷돌이 그 목에 매에 바다에 던져지는 것이 나은 것입니다.

반복되는 세 말씀을 주십니다.

"만일 네 손이 너를 범죄하게 하거든 찍어버리라 장애인으로 영생에 들어가는 것이 두 손을 가지고 지옥 곧 꺼지지 않는 불에 들어가는 것보다 나으니라"(43절)

　"만일 네 발이 너를 범죄하게 하거든 찍어버리라 다리 저는 자로 영생에 들어가는 것이 두 발을 가지고 지옥에 던져지는 것보다 나으니라"(45절)

　"만일 네 눈이 너를 범죄하게 하거든 빼버리라 한 눈으로 하나님 나라에 들어가는 것이 두 눈을 가지고 지옥에 던져지는 것보다 나으니라"(47절)

　실족하게 하면=범죄하게 하거든
　영생=하나님의 나라
　지옥 곧 꺼지지 않는 불

영생은 한결같이 들어가는 것인 반면 지옥은 던져지는 것입니다.

48-49절은 지옥에 관하여 좀 더 자세히 설명합니다.

　"거기에서는 구더기도 죽지 않고 불도 꺼지지 아니하느니라 사람마다 불로써 소금 치듯 함을 받으리라"(48-49절)

마지막 메시지는 소금에 관한 말씀입니다. 지옥에 던져지는 사람은 불로써 소금 치듯 함을 받는다고 하였습니다. 이는 소금의 가장 불행한 일입니다. 이는 경고의 말씀입니다. '소금은 좋은 것이로되 만일 소금이 그 맛을 잃으면 무엇으로 이를 짜게 하리요'(50절) 이는 경계의 말씀입니다. '너희 속에 소금을 두고 서로 화목하라'(50절) 이는 권면의 말씀입니다.

묵상

01 누가 크냐는 제자들의 논쟁에 관하여 나누어 봅시다.

02 요한의 질문에 우리를 따르지 않는 자들에 관한 교훈을 나누어 봅시다.

03 실족하게 하는 자에 대한 경고의 말씀을 나누어 봅시다.

되새김

어리석고 연약한 제자들은 예수님의 첫 번째 수난 예고에 하나님의 일을 생각하지 않고 사람의 일을 생각하였으며, 두 번째 수난 예고에도 누가 크냐는 논쟁을 일삼았습니다. 십자가에 관하여 들으면서도 전혀 십자가와 상관이 없는 제자들의 모습 속에서 연약한 우리들의 모습을 바라보아야 할 것입니다.

예루살렘 상경기
10장1~31절

Key Point

마가복음 10장은 예수님의 예루살렘 상경기에 관한 말씀입니다. 예수님께서는 갈릴리를 떠나 예루살렘으로 향하시며 여러 말씀을 가르치시는데 이번 과에서는 이혼에 관하여, 어린 아이에 관하여, 부자 청년에 관하여, 부자에 관하여 주신 교훈의 말씀을 전합니다.

본문 이해

10장은 더욱 구체화된 예수님의 예루살렘 상경 길에 있었던 여러 가지 교훈들에 대한 말씀입니다. 예루살렘 상경기에 있었던 여러 가지 일화들은 마태복음 19-20장의 내용과 거의 일치하며 마태복음 성경교재를 참고합니다.

예수님께서 제3차에 걸친 갈릴리 사역을 모두 마치시고 유대 지경과 요단 강 건너편으로 가셨습니다. 곧 유대 지경인 요단 동편의 베레아에서 사역하셨습니다.

■ 마가복음 10장의 구조적 이해
   막 10:1: 유대 지경과 요단 강 건너편으로 가심
   막 10:2-12: 이혼에 관한 교훈
   마 10:13-16: 어린 아이에 관한 교훈
   마 10:17-22: 부자 청년과의 대화
   마 10:23-31: 부자와 하나님 나라
   마 10:32-34: 세 번째 수난 예고
   마 10:35-45: 세베대의 두 아들의 요구
   마 10:46-52: 맹인 거지 바디매오

1. 예수님께서 유대 지경에 이름을 살펴봅시다(1-2절).

10장은 예수님께서 갈릴리를 떠나 보다 구체화된 예루살렘에 상경하는 길에 주신 여러 교훈에 관하여 전합니다. 10장1절은 이러한 말씀의 서언적인 역할을 합니다.

2. 이혼에 관한 교훈의 말씀을 살펴봅시다(2-12절).

'사람이 아내를 버리는 것이 옳으니이까'라고 물었던 자들은 결코 자신의 참된 신부인 교회를 버릴 수 없었기에 이 땅에 오셨으며 십자가로 나아가는 주님의 마음을 알지 못하였을 것입니다.

이혼에 관한 구체적인 교훈은 마태복음 성경교재를 참고 바랍니다.

3. 어린 아이들을 통한 교훈을 살펴봅시다(13-16절).

사람들이 예수님께서 만져 주심을 바라고 어린 아이들을 데리고 왔으나 제자들이 꾸짖었습니다. 이에 예수님께서는 노하시어 말씀하셨습니다.

"어린 아이들이 내게 오는 것을 용납하고 금하지 말라 하나님의 나라가 이런 자의 것이니라 내가 진실로 너희에게 이르노니 누구든지 하나님의 나라를 어린 아이와 같이 받들지 않는 자는 결단코 그 곳에 들어가지 못하리라"(14-15절)

어린 아이는 하나님 나라에 대한 중요한 교훈을 줍니다. 어린 아이는 하나님 나라를 위하여 어떠한 일을 행하지 않았습니다. 그들은 단지 사모함으로 하나님 나라를 선물로 받을 뿐입니다. 어린 아이와 같이 자신을 낮추는 사람이 하나님 나라에서 큰 자가 될 것입니다. 그러나 자신을 낮추는 사람이 하나님 나라에 들어가는 것은 아닙니다. 하나님 나라는 어린 아이와 같이 자신의 힘으로 무엇을 하지 않는 자, 곧 은혜로 구원을 받은 자들의 것입니다. 예수님께서는 그 어린 아이들을 안고 그들 위에 안수하시고 축복하셨습니다.

4. 부자 청년과의 대화를 살펴봅시다(17-22절).

부자 청년과의 대화는 이 영생이 결코 선한 일로 말미암은 것이 아님을 알게 합니다. 구체적인 내용은 마태복음 말씀교재를 참고 바랍니다.

5. 부자와 하나님 나라에 관하여 살펴봅시다(23-31절).

마태복음 성경교재를 참고 바랍니다.

묵상

01 이혼에 관한 가르침과 교회에게 주시는 말씀을 나누어 봅시다.

02 어린 아이에 관한 가르침과 교회에 주시는 말씀을 나누어 봅시다.

03 부자 청년에 관한 가르침과 교회에 주시는 말씀을 나누어 봅시다.

되새김

표면적으로는 이혼에 관한, 어린 아이들에 관한, 부자 청년에 관한 이야기이지만 그 내적인 메시지는 교회를 향한 주님의 사랑과 구원에 대한 가르침을 담고 있습니다. 단순한 이혼에 대한 가르침이 아닌 그의 신부된 교회를 사랑하시는 하나님의 사랑과 사람의 행위에 있지 않는 하나님의 구원에 대한 가르침인 것입니다.

PART

22

세 번째 수난 예고
10장32~45절

Key Point

마가복음 10장은 예수님의 예루살렘 상경기에 관한 말씀입니다. 예수님께서는 갈릴리를
떠나 예루살렘으로 향하시며 여러 말씀을 가르치시는데 이번 과에서는 예수님의 세 번째
수난 예고와 세베대의 두 아들의 요구에 관하여 전합니다.

본문 이해

이번 과에서는 예수님의 세 번째 수난 예고와 세베대의 두 아들들의 요구에 관한 말씀입니다. 예수님의 예루살렘 입성이 가까웠을 때에 조차 아직도 제자들은 예수님의 예루살렘 입성의 의미와 목적을 알지 못하고 있습니다.

1. 세 번째 수난 예고를 살펴봅시다(32-34절).

"예루살렘으로 올라가는 길에 예수께서 그들 앞에 서서 가시는데 그들이 놀라고 따르는 자들은 두려워하더라 이에 다시 열두 제자를 데리시고 자기가 당할 일을 말씀하여 이르시되 보라 우리가 예루살렘으로 올라가노니 인자가 대제사장들과 서기관들에게 넘겨지매 그들이 죽이기로 결의하고 이방인들에게 넘겨 주겠고 그들은 능욕하며 침 뱉으며 채찍질하고 죽일 것이나 그는 삼 일만에 살아나리라 하시니라"(32-34절)

예수님께서는 이전에 아무든지 나를 따라오려거든 자기를 부인하고 자기 십자가를 지고 나를 따를 것이니라고 하셨습니다. 이것은 비유적인 표현처럼 보였습니다. 그러나 주님께서는 이제 확연하게 말씀하십니다. 주님의 죽음은 단순한 죽음이 아닌 십자가의 죽음입니다. 가장 끔찍하고 무서운 십자가의 죽음을 말씀하셨습니다.

주님께서는 세 번째 수난 예고에서 더욱 상세하게, 구체적으로 말씀하십니다.

2. 세베대의 두 아들들의 요구를 살펴봅시다(35-45절).

두 번째 수난 예고 후에 제자들이 누가 크냐의 논쟁을 하였던 바와 마찬가지로 세 번째 수난 예고가 있은 후 세베대의 두 아들인 야고보와 요한은 더 구체적인 자리 다툼을 하였습니다. 그들은 주의 영광 중에서 하나는 우편에 하나는 좌편에 앉기를 원하였습니다.

예수님께서 물으셨습니다.

"너희는 너희가 구하는 것을 알지 못하는도다 내가 마시는 잔을 너희가 마실 수 있으며 내가 받는 세례를 너희가 받을 수 있느냐"(38절)

곧 십자가의 죽음, 대속의 죽음을 향해 가시는 주님께서 그들 또한 예수님의 뒤를 따라올 수 있겠느냐는 질문이셨습니다. 야고보와 요한은 앞 뒤 가리지 않고 '할 수 있나이다'라고 대답하였습니다. 비록 한심스러운 모습이지만 주께서는 그들의 고백같이 이루어질 것을 축복하셨습니다.

한편 야고보와 요한과 예수님과의 대화를 지켜 본 제자들이 화를 내었습니다. 이전에 누가 크냐의 논쟁을 버렸던 그들은 예수님의 오른편,

왼편, 우의정, 좌의정을 다 야고보와 요한이 탐내고, 혹 그들에게 주어 질지도 모른다는 그들 나름대로의 해석에 의해 분이 난 것입니다.

예수님께서는 자신의 죽음에 대해서 말하고 있는 그때에 야고보와 요한의 엉뚱한 요구, 그리고 제자들의 흥분됨은 처음의 분위기를 사뭇 바꿔 놓았습니다.

예수님께서는 제자들을 불러다가 말씀하셨습니다.

"이방인의 집권자들이 그들을 임의로 주관하고 그 고관들이 그들에게 권세를 부리는 줄을 너희가 알거니와 너희 중에는 그렇지 않을지니 너희 중에 누구든지 크고자 하는 자는 너희를 섬기는 자가 되고 너희 중에 누구든지 으뜸이 되고자 하는 자는 모든 사람의 종이 되어야 하리라 인자가 온 것은 섬김을 받으려 함이 아니라 도리어 섬기려 하고 자기 목숨을 많은 사람의 대속물로 주려 함이니라"(42-45절)

그들이 원하는 으뜸이 되고자 하는 사람은 종이 되어야 할 것이며 인자의 온 것은 섬김을 받으려 함이 아니라 도리어 섬기려 하고 자기 목숨을 많은 사람의 대속물로 주려 함인 것입니다.

묵 상

01   예수님의 세 번째 수난 예고에 대한 제자들의 마음에 관하여 나누어 봅시다.

02   세베대의 두 아들의 요구에 관하여 나누어 봅시다.

03   인자가 온 이유와 목적에 관하여 나누어 봅시다.

되새김

예수님의 수난 예고가 세 번에 걸쳐 이루어짐은 매우 주목해 보아야 할 바가 됩니다. 마지막 세 번째 수난 예고가 예루살렘 상경길에 있었습니다. 그럼에도 불구하고 제자들은 여전히 자신의 자리 다툼을 하였습니다. 이는 이 시대의 교회들에게 주시는 말씀입니다. 교회는 십자가의 길과 다른 길로 나아가서는 안될 것입니다.

PART

23

맹인 바디매오
10장46~52절

Key Point

마가복음 10장은 예수님의 예루살렘 상경기에 관한 말씀입니다. 예수님께서는 갈릴리를 떠나 예루살렘으로 향하시며 여러 말씀을 가르치시는데 이번 과에서는 그 마지막 말씀으로 맹인 바디매오에 관한 말씀입니다.

본문 이해

예루살렘 상경기(10장)에 마지막 말씀은 여리고 성에 맹인 거지 바디매오에 관한 말씀입니다. 이전에 빌립보 가이사랴에 이르시기 전에 벳새다의 맹인을 치유하신 예수님께서는 예루살렘 상경기의 마지막으로 여리고성의 거지 맹인 바디매오의 눈을 치유하여 주셨습니다.

마가복음은 바디매오에 관한 자세한 이야기를 전합니다. 이는 마가복음 안에 담겨 있는 여러 긴 말씀들 중의 하나입니다.

1. 가버나움의 긴 하루(막 1:21-39), 2. 중풍병자를 고치심(막 2:1-12), 3. 거라사인 귀신 들린 자를 고치심(막 5:1-20), 4-5. 야이로의 딸과 열두 해 혈루병 앓은 여인의 이야기(막 5:21-43), 6. 세례 요한의 죽음 이야기(막 6:14-29), 7. 장로들의 전통(7:1-23), 8. 갈릴리 호숫가의 사역(막 7:31-37), 9. 귀신 들린 아이를 고치심(막 9:14-29), 10. 맹인 거지 바디매오(막 10:46-52)

바디매오는 비록 맹인이며, 거지임에도 불구하고 그의 이름이 기록된 것은 참으로 귀한 일이 아닐 수 없습니다. 성경은 두 명의 거지의 이름을 알려주십니다. 한 사람의 이름은 나사로입니다(눅 16:20). 그는 평생을 거지로 살았으나 아브라함의 품 안으로 들어간 사람입니다. 그의 삶에 대한 도전에 대해서는 우리들이 아는 바가 없습니다. 비록 이 땅에서는 무명하게 살았지만 성경이 그 이름을 영광스럽게 기록함은 하나님께서 그를 아시고 또한 기억하고 계심을 의미하는 것입니다. 나사로를 통해서는 우리들에게 영생에 관한 소망을 가지게 하십니다.

그러나 바디매오가 귀한 것은 그는 죽어서 유명한 사람이 아니라 이 땅의 삶에서 유명한 사람이 되었습니다. 그의 이름이 기록되었다는 것은 그가 귀한 믿음의 일들을 남겼음을 알게 하시는 것입니다. 그에 대한 성경의 마지막 구절은 그가 곧 보게 되어 예수를 길에서 따르니라는 말씀입니다.

1. 맹인 거지 바디매오에 관하여 살펴봅시다(46절).

예수님께서는 예루살렘 입성을 앞두고 여리고 성을 지나가십니다. 이 여정에 있어서 바디매오는 여리고 성의 한 맹인이며 고침을 받은 사람입니다. 맹인의 고침에 대한 많은 이야기들이 전하여지는데 특별히 마가복음은 바디매오라는 그 이름을 밝히고 있습니다. 예수님께서 여리고에 이르셨으며 제자들과 허다한 무리와 함께 여리고에서 나가실 때에 디매오의 아들 맹인 거지 바디매오는 길 가에 앉아 있었습니다.

바디매오는 누구의 아들인가를 보여주는 이름입니다. 그의 이름은 바디매오가 아니라 사실은 디매오의 아들이라는 뜻입니다. 그의 이름이 무엇인가가 아닌 그가 누구의 아들인가를 보여줍니다. 디매오의 아들은 어떠한 사람이었습니다. 그는 유명하고 훌륭하고 귀한 어떠한 사람이 아닌 그저 거지였습니다. 누구의 아들이라는 호칭 자체가 그리 대단해 보이지 않습니다. 그러나 오늘 우리는 하나님의 자녀가 되고, 하나님의 아들이 됨을 알 때에 얼마나 우리는 귀하고 영광스러운 자인가를 알게 하십니다. 바디매오가 아버지의 이름을 드러내고 있다면 우리는 더욱더 우리의 참되고 영원한 아버지가 되시는 하나님 아버지를 드러낼 수 있어야 할 것입니다.

2. 바디매오의 부르짖음을 살펴봅시다(47-48절).

맹인이며, 거지인 바디매오는 길 가에 앉았다가 나사렛 예수시란 말을 듣고 소리 질러 이르기를 '다윗의 자손 예수여 나를 불쌍히 여기소서'라 하였습니다. 비록 그가 볼 수는 없었지만 들을 수 있었습니다. 비록 그가 볼 수는 없었지만 소리를 지를 수 있었습니다.

사람들이 나사렛 예수시라 하였을 때에 오히려 맹인되며 거지된 바디매오는 '다윗의 자손'이라고 고백하였습니다.

많은 사람이 바디매오를 향하여 꾸짖었습니다. 그러나 바디매오는 더욱 크게 소리를 질렀습니다. 그는 반복하여 부르짖었습니다.

"다윗의 자손이여 나를 불쌍히 여기소서"(47절)

그는 두 가지를 알았습니다. 하나는 주님을 향한 지식이며, 다른 하나는 자신을 향한 지식이었습니다. 주님을 향한 지식은 그분이 누구이신가를 아는 것이었으며 자신을 향한 지식은 '나를 불쌍히 여기소서'라는 것입니다. 곧 자신은 하나님의 긍휼과 은혜가 필요한 사람이라는 것입니다. 이것이 바로 바디매오의 지식이며, 고백이며, 부르짖음이었습니다.

바디매오의 간구를 간구의 모범을 보여줍니다. 간구하는 자가 의지하고 붙들어야 할 것은 하나님 아버지의 긍휼하심입니다.

3. 예수님께서 바디매오를 부르심을 살펴봅시다(49-50절).

예수님께서는 바디매오를 지나치지 않으셨습니다. 바디매오는 예수님을 머물러 서게 만들었습니다. 예수님께서는 그를 부르라고 하셨습니다. 이에 맹인이 부름을 받았을 때에 그는 겉옷을 내버리고 뛰어 일어나 예수님께 나아오게 됩니다.

바디매오는 겉옷을 버렸습니다. 아직 그의 눈이 떠지기도 전에 겉옷을 버렸습니다. 거지인 그에게 겉옷은 그의 이부자리와 같은 것입니다. 거지인 그에게 겉옷은 그의 유일한 소유와 같은 것입니다. 그러나 주님을 만남에 그는 겉옷을 내버렸습니다. 맹인은 겉옷을 내버리고 뛰어 일어나 예수님께 나아왔습니다.

4. 바디매오의 치유를 살펴봅시다(51-52절).

예수님께서는 바디매오에게 물으셨습니다. '네게 무엇을 하여 주기를 원하느냐' 맹인은 가장 자연스럽고 당연한 것을 구하였습니다. 그것은 '보기를 원하나이다'는 것입니다. 어쩌면 우리에게는 이 당연하고 자연스러운 구함이 낯섦을 깨달아야 합니다. 죄인이 구할 것은 죄의 씻음입니다. 거룩함을 구하고 쓰임을 받기를 사모해야 하는 것은 자연스러운 구함입니다. 바디매오의 치유의 이적은 예수님께서 예루살렘 입성을 앞두신 시점에 이루어졌다는 데에 또 다른 의미가 있습니다. 그는 맹인이었습니다. 그러나 주님을 만나고 치유되었을 때에 그는 주님을 따르는 자가 되었습니다. 이 치유의 역사를 통해서 하나님께서는 오늘도 우리들이 눈이 떠지기를 원하시는 것입니다.

묵상

01 바디매오의 부르짖음에 관하여 나누어 봅시다.

02 바디매오의 믿음에 관하여 나누어 봅시다.

03 바디매오의 치유가 주는 교훈에 관하여 나누어 봅시다.

되새김

바디매오의 치유는 예루살렘 상경기에 마지막 말씀입니다. 이는 바디매오의 한 사람의 병의 치유가 아닌 이 세대가 치유받아야 할 바에 관하여 알게 하십니다. 예수님께서 참으로 치유하여 주시기 원하시는 것은 육신의 보지 못함을 넘어 영적으로 맹인된 우리들의 눈을 밝히 보게 하시는 일입니다. 육신으로 보지 못하는 자가 아무것도 소유하지 못한 거지가 된 바와 같이 보지 못함은 우리들로 하여금 영적으로 빈곤하게 하는 것입니다.

마가복음

제6부

예루살렘 입성

(11:1-13:37)

PART

24

예루살렘 입성
11장1~11절

Key Point

11-15장은 시간적으로 예루살렘에 입성하신 예수님께서 예루살렘에서 보내신 마지막 일주일입니다. 이번 과에서는 예수님께서 감람 산 벳바게와 베다니에 이르심과 호산나 찬송을 받으시며 예루살렘에 입성하심에 관하여 전합니다.

예수님의 예루살렘 중심의 활동은 상경기(8장27절-10장), 예루살렘 입성(11-13장), 수난(14-15장)으로 나뉩니다. 마가복음 8장27-10장까지의 예루살렘을 향한 여정은 마침내 11장의 벳바게와 베다니에서 예루살렘 입성으로 끝이 나며 11-15장은 예수님의 이 땅에서의 마지막 일주일로서 고난 주간의 한 주간을 전합니다. 11장은 그 시작으로 예수님의 예루살렘 입성에 관한 말씀입니다. 예루살렘 입성은 고난 주간의 첫 번째 날인 주일에 해당됩니다.

■ 마가복음 11장1-12장44절의 구조적 이해

막 11:1-11: 예루살렘 입성

막 11:12-14: 무화과나무의 저주

막 11:15-19: 성전 정화

막 11:20-26: 무화과나무 저주의 성취

막 11:27-33: 예수님의 권위 논쟁

막 12:1-12: 악한 포도원 농부 비유

막 12:13-17: 세금 논쟁

막 12:18-27: 부활 논쟁

막 12:28-34: 가장 큰 계명

막 12:35-37: 그리스도와 다윗의 관계

막 12:38-40: 서기관들을 삼가라

막 12:41-44: 가난한 과부의 헌금

1. 예수님께서 두 제자를 보내심을 살펴봅시다(1-3절).

예루살렘 가까이에 이르러 감람 산 벳바게와 베다니에 이르셨습니다. 이는 예루살렘 입성을 위한 준비를 위한 것이며 실제적인 예루살렘 사역의 시작이 될 수 있습니다. 예수님께서는 이 곳에서 두 제자를 보내시되 다소 비밀스러운 일을 지시하십니다.

"너희는 맞은편 마을로 가라 그리로 들어가면 곧 아직 아무도 타보지 않은 나귀 새끼가 매여 있는 것을 보리 풀어 끌고 오라 만일 누가 너희에게 왜 이렇게 하느냐 묻거든 주가 쓰시겠다 하라 그리하면 즉시 이리로 보내리라"(2-3절)

예수님께서는 당신의 예루살렘 입성의 의미를 밝히시는 일을 위하여 한 나귀 새끼를 준비하셨으며, 이는 나귀 새끼의 주인의 순종함으로 성취됩니다.

2. 제자들의 순종을 살펴봅시다(4-6절).

마태복음은 예수님께서 나귀를 타시고 예루살렘에 입성하심의 예언의 성취에 관하여 말씀하셨습니다.

"이는 선지자를 통하여 하신 말씀을 이루려 하심이라 일렀으되 시온 딸에게 이르기를 네 왕이 네게 임하나니 그는 겸손하여 나귀, 곧 멍에 메는 짐승의 새끼를 탔도다 하라 하였느니라"(마 21:4-5, 슥 9:9)

그러나 마가복음에서는 제자들의 순종과 성취에 관하여 전합니다. 제자들이 가서 나귀 새끼가 문 앞 거리에 매여 있는 것을 보았습니다. 그것을 푸니 거기 서 있는 어떤 사람 중 어떤 이들이 나귀 새끼를 풀어 무엇 하려느냐고 하니 제자들이 예수님께서 이르신 대로 말하니 허락하였습니다.

예수님께서는 나귀 새끼를 타고 예루살렘에 입성하심은 이스라엘을 로마의 압제와 속박으로부터 해방하고자 하심이 아닌 우리의 죄를 짊어지심을 보이시는 것입니다.

3. 예수님의 예루살렘 성 입성을 살펴봅시다(7-10절).

제자들이 나귀 새끼를 끌고 와서 자기들의 겉옷을 그 위에 얹으매 예수님께서 그 위에 타셨습니다. 제자들의 행위는 존경의 표시이며 왕에 대한 예우였습니다. 많은 사람들이 자기들의 겉옷을, 또 다른 이들은 들에서 벤 나뭇가지를 길에 펴고 앞에서 가고 뒤에서 따르는 자들이 소리를 질러 '호산나 찬송하리로다 주의 이름으로 오시는 이여 찬송하리로다 오는 우리 조상 다윗의 나라여 가장 높은 곳에서 호산나' 하며 찬양하였습니다. 이들이 외쳤던 '호산나'는 구원하다는 뜻의 '야솨'와 원한다는 '나'의 결합된 말로 '구원을 원합니다', '원컨대 구원하소서', '지금 구원하소서'라는 의미를 가집니다. 이는 사람들의 간절한 소망이 무엇인지를 밝히는 것입니다. 비록 이들의 생각은 동상이몽으로 예수님의 뜻과 달랐지만 성경은 이를 통해서 참된 왕의 진정한 모습이 무엇인가를 우리들에게 보이십니다. 실제적으로 왕으로 예수님을 모시고 환영하였던 제자들과 무리들은 아이러니 하게도 주를 버리고 십자가에 못박은 것입니다.

4. 예수님께서 예루살렘 이르러 성전에 들어가사 모든 것을 둘러보심을 살펴봅시다(11절).

　마태복음은 예수님의 예루살렘 입성으로 있었던 소동에 관하여 전하나 마가복음은 다만 예수님께서 예루살렘에 이르러 성전에 들어가 모든 것을 둘러 보심을 전합니다. 때가 이미 저물었으므로 예수님께서는 열두 제자를 데리시고 베다니에 나가셨습니다.

01 제자들의 순종과 성취에 관하여 나누어 봅시다.

02 나귀 새끼를 타신 예수님께서 가르치시는 바를 나누어 봅시다.

03 '호산나 다윗의 자손이여 찬송하리로다'라고 외쳤던 사람들에 관하여 나누
    어 봅시다.

예수님께서는 자신의 오신 목적을 예루살렘의 입성의 모습에서 어린 나귀 새끼
를 타고 입성하심으로 밝히셨습니다. 이전에 이삭이 모리아 산으로 번제물로 드
려지기 위하여 나귀를 탔듯이 예수님께서는 자기 목숨을 많은 사람의 대속물로
주시기 위하여 예루살렘에 입성하신 것입니다.

PART

25

무화과나무를 저주하심
11장12~26절

Key Point

이번 과는 예루살렘에서의 둘째 날과 셋째 날에 행하신 일로 무화과나무의 저주-성전
정화-무화과나무의 저주 성취의 말씀입니다. 이는 성전 정화를 통해서 한편으로 성전시
대의 종식과 다른 한편으로는 이스라엘의 열매 없음을 책망하십니다.

마가복음 11-15장은 예루살렘에서의 마지막 일주일에 관한 말씀입니다. 11-12장은 예루살렘에서의 대립에 관하여, 13장은 감람 산 강화, 14-15장은 수난, 추가적으로 16장은 부활에 관한 말씀입니다.

예수님의 예루살렘 입성이 일요일에 이루어진 사건이라면 성전 정화는 월요일에 무화과나무의 저주와 성취는 각각 월요일과 화요일에 이루어진 사건입니다.

예수님께서 무화과나무를 저주하심은 마가복음에 나오는 대표적인 샌드위치 구조입니다. 1. 열두 해 혈루증 여인을 고치심과 야이로의 딸을 살리신 이야기(막 5:21-43), 2. 제자들의 파송과 세례 요한의 죽음, 제자들의 귀환 이야기(막 6:7-32), 3. 오병이어의 이적과 떡 떼신 일을 깨닫지 못한 이야기(막 6:30-52), 4. 어린 아이의 하나의 영접(막 9:37, 41), 5. 무화과나무의 저주와 성전 정화 이야기(막 11:12-26), 6. 향유를 부은 여인과 가롯 유다의 배신 이야기(막 14:1-11), 7. 베드로의 부인 이야기(막 14:53-72)는 샌드위치의 구조를 가지며 이는 매우 의미 있는 교훈이 됩니다.

1. 예수님께서 무화과나무를 저주하심을 살펴봅시다(12-14절).

이튿날 곧 고난 주간의 둘째 날이 되는 월요일에 베다니에서 나오셨을 때에 예수님께서는 시장하셨습니다. 멀리서 잎사귀 있는 한 무화과 나무를 보시고 혹 그 나무에 무엇이 있을까하여 가셨더니 잎사귀 외에 아무 것도 없었습니다. 이는 무화과의 때가 아니었습니다. 이에 예수님께서는 나무에게 저주하시며 '이제부터 영원토록 사람이 네게서 열매를 따 먹지 못하리라' 하셨습니다.

무화과는 '꽃이 없는 열매'라는 뜻입니다. 꽃이 없이 열매를 맺는 큰 특징이 무화과나무의 이름이 되었습니다. 그러나 이는 무화과나무에 대한 오해입니다. 꽃받침이 변형된 주머니 안에 꽃이 갇혀 있어서 겉으로 보이지 않는 것입니다. 무화과는 무화과가 아닌 것입니다. 무화과는 열매에 있어서도 특별한 특징을 가집니다. 무화과는 일 년에 두 번 열매를 맺습니다. 지난해 새싹에서 자라난 조금 이르고 작은 무화과 열매는 3월 말에 나타나기 시작하여 5-6월경에 익습니다. 이를 아랍어로는 '타크시'라고 합니다. 예수님께서 예루살렘에 입성하신 유월절 절기는 니산월인 3-4월에 해당됨으로 이러한 작은 열매들이 맺어 있어야 하는 것입니다. 이제 봄에 나온 새싹에서 자라나는 더 큰 무화과는 보통 5-6월에 나타나 9-10월 경에 열매를 맺습니다. 그러므로 3-4월은 무화과나무의 때가 아니라고 한 것입니다.

2. 예수님께서 성전을 정화하심을 살펴봅시다(15-19절).

월요일 예수님의 주된 사역은 성전 정화입니다. 예수님께서는 가장 먼저 성전을 정화하시는 일을 행하신 것입니다. 마가복음은 시간적인 순서대로 무화과나무 저주에 관하여 먼저 전하였지만 마태복음은 먼저 성전 정화에 관하여 말씀하십니다.

예수님께서는 성전에 들어가 성전 안에서 매매하는 자들을 내쫓으시며 돈 바꾸는 사람들의 상과 비둘기 파는 사람들의 의자를 둘러 엎으셨습니다. 예수님께서는 무엇보다도 먼저 하나님의 집이 깨끗하게 되어야 함을 보이신 것입니다. 예수님께서는 이사야의 예언의 말씀을 따라 '기록된 바 내 집은 만민이 기도하는 집이라 칭함을 받으리라 하지 아니하였느냐 너희는 강도의 소굴로 만들었도다'(막 11:17, 마 21:13, 사 56:7, 렘 7:11)라 하셨습니다.

대제사장들과 서기관들이 듣고 예수를 어떻게 죽일까 꾀하니 이는 무리가 다 그의 교훈을 놀랍게 여기므로 그를 두려워하였기 때문입니다. 날이 저물매 예수님께서는 제자들과 함께 성 밖으로 나가셨습니다.

3. 무화과나무가 마름을 살펴봅시다(20-26절).

무화과나무의 저주는 성전 정화 이전이며 무화과나무가 마름은 셋째 날로 성전 정화 이후의 일입니다. 마가복음은 시간적으로 순차적으로 전하나 마태복음은 성전 정화 사건 이후에 저주와 마름을 함께 기록하였습니다.

성전 정화와 무화과나무의 저주는 깊은 관련이 있습니다. 곧 외적으로 성전 정화는 예루살렘의 종교에 대한 심판이며, 무화과나무의 저주는 이스라엘의 멸망에 대한 선언이며 내적으로는 우리들의 거룩함과 열매 맺음에 관하여 교훈하십니다.

묵상

01   무화과나무의 열매 없음이 주는 교훈을 나누어 봅시다.

02   예수님께서 성전을 정화하심에 관하여 나누어 봅시다.

03   성전, 더 나아가 교회는 어떠한 곳이 되어야 합니까?

되새김

예수님께서는 예루살렘 성에서 가장 먼저 성전을 보셨습니다. 하나님께서는 이 세대 가운데 먼저 그의 성전된 우리들을 바라보시는 것입니다. 우리는 예수님께서 원하시는 성전처럼 깨끗하여야 하며 열매를 맺는 자가 되어야 하며, 또한 기도하는 심령이 되어야 합니다.

PART

26

예수님의 권위 논쟁
11장27~12장12절

Key Point

이번 과는 예루살렘 입성으로 시작되는 마지막 주간 중 화요일에 있었던 사건이며 대제
사장들과 서기관들과 장로들에 의한 예수님의 권위에 대한 논쟁의 말씀으로 세례 요한에
대한 예수님의 질문과 악한 포도원 농부 비유에 관하여 전합니다.

본문 이해

일요일에 예루살렘 입성과 월요일 무화과나무 저주 사건과 성전 정화, 화요일 무화과나무의 마름에 이어 계속적으로 화요일에 있었던 사건들이 13장37절까지 계속됩니다. 무화과나무가 마른 후에 예수님께서 성전에 들어가 가실 때에 대제사장들과 서기관들과 장로들의 질문을 통해서 본격적인 논쟁이 시작됩니다. 성전 안에서의 논쟁은 11장27절에 성전에 들어가심으로 시작하여 13장1절에서 성전에서 나오심으로 끝납니다.

1. 예수님의 권위에 관한 논쟁을 살펴봅시다(27-33절).

고난 주간의 월요일에는 성전 정화 사건으로 예수님의 일방적인 책망과 가르침이 있었다면 화요일에는 성전에서 대제사장들과 서기관들과 장로들과 더불어 논쟁하시는 말씀이 이어집니다. 그들은 예수님께 나아와 '무슨 권위로 이런 일을 하느냐 누가 이런 일 할 권위를 주었느냐'고 하였습니다. 이들은 사람으로 말미암은 권위를 가지고 있었으며 확고한 자신들의 권위를 가지고 예수님의 권위에 관하여 질문하였습니다.

예수님의 권위에 대한 대제사장들과 백성의 장로들의 질문에 예수님께서는 도리어 반문하셨습니다.

"나도 한 말을 너희에게 물으리니 대답하라 그리하면 나도 무슨 권위로 이런 일을 하는지 이르리라 요한의 세례가 하늘로부터냐 사람으로부터냐 내게 대답하라"(29-30절)

그들은 서로 의논하였으나 세례 요한에 대한 공식적인 답변을 내놓지 못하였습니다. 하늘로부터라 하면 어찌하여 그를 믿지 아니하였느냐 할 것이며 자연스럽게 세례 요한의 증거한 예수님의 권위 또한 인정함이 되기 때문입니다. 또한 사람으로부터라고 말한다면 모든 사람이 그를 선지자로 여겼기 때문에 백성들을 두려워하였습니다. 이에 그들은 대답하기를 우리가 알지 못하노라고 하였으며 예수님 또한 '나도 무슨 권위로 이런 일을 하는지 너희에게 이르지 아니하리라' 하셨습니다.

2. 악한 포도원 농부 비유에 관하여 살펴봅시다(12장1-12절).

악한 포도원 농부 비유는 예수님의 권위 논쟁에 대한 질문에 간접적인 답변이 됩니다. 이는 예수님의 권위가 하나님 아버지께로 말미암음을 밝히심과 더불어 유대 종교 지도자들에 대한 경고의 메시지가 됩니다.

한 사람이 포도원을 만들어 산울타리로 두르고 즙 짜는 틀을 만들고 망대를 지어서 농부들에게 세를 주고 타국에 갔습니다. 때가 이르러 농부들에게 포도원 소출 얼마를 받으려고 한 종을 보냈었습니다. 이에 농부들이 종들을 잡아 심히 때리고 거저 보내었습니다. 다시 다른 종을 보내니 그의 머리에 상처를 내고 능욕하였습니다. 또 다른 종을 보내니 그들이 그를 죽이고 또 그 외 많은 종들도 더러는 때리고 더러는 죽였습니다. 이제 한 사람이 남았으니 곧 그가 사랑하는 아들입니다. 최후로 그를 보내며 내 아들은 존대하리라 하였습니다. 그러나 농부들은 서로 말하기를 '이는 상속자니 자 죽이자 그러면 그 유산이 우리 것이 되리라' 하고 잡아 죽여 포도원 밖에 내던졌습니다. 예수님께서는 여기까지 말씀하시고 그 다음에 일어날 일들을 물으셨습니다.

"포도원 주인이 어떻게 하겠느냐"(9절)

예수님께서는 그 결국을 알게 하셨습니다.

"주인이 와서 그 농부들을 진멸하고 포도원을 다른 사람들에게 주리라"(9절)

예수님께서는 시편 118편22-23절을 인용하시며 마무리짓습니다. 곧 예수 그리스도는 사람들의 버림 바 되었으나 오히려 머릿돌이 되신 것입니다. 그는 멸시와 능욕 가운데 버려진 바 되나 영광과 존귀를 얻게 되실 것입니다.

"너희가 성경에 건축자들이 버린 돌이 모퉁이의 머릿돌이 되었나니 이것은 주로 말미암아 된 것이요 우리 눈에 놀랍도다 함을 읽어 보지도

못하였느냐"(10-11절, 시 118편22-23절)

묵상

01   예수님의 권위에 관하여 나누어 봅시다.

02   악한 포도원 농부 비유의 교훈에 관하여 나누어 봅시다.

03   모퉁이의 머릿돌이 되신 예수 그리스도에 관하여 나누어 봅시다.

되새김

한편으로 성전의 정화와 열매 없는 무화과나무를 통해서 우리 자신의 내면을 살피신 주님께서는 다른 한편으로는 복음에 불순종하는 자들에게 경고의 말씀을 하십니다.

PART

27

여러 가지 논쟁
12장13~44절

Key Point

예루살렘 성전 안에서의 논쟁은 바리새인들과 헤롯당, 사두개인들과 서기관에 의해 계속 이어집니다. 이들은 믿음과 하나님의 권능에 대한 간구가 아닌 예수님을 책잡으려는 여러 시도를 합니다. 예수님께서는 그리스도가 다윗의 자손이나 다윗의 주 되심을 밝히시며 서기관들을 경계하시며, 가난한 과부를 통해서 참된 믿음의 모습을 가르치십니다.

___

계속되는 화요일 성전 안에서의 논쟁으로 대제사장들과 서기관들과 장로들이 예수님의 권위에 관한 논쟁에서 완패하자 이번에는 바리새인들과 사두개인들이 예수님과 논쟁을 시도합니다. 바리새인들은 종교적인 문제가 아닌 정치적인 문제로 헤롯 당원들과 함께 와서 세금 납부의 문제를 일으키며, 사두개인들은 부활의 문제로 논쟁하며, 바리새인 중 율법사이며 한 서기관은 율법 중 큰 계명에 관하여 질문합니다. 그러나 결국 모든 질문은 예수님의 신적인 지혜의 대답에 굴복하게 됩니다.

예수님께서는 그리스도와 다윗의 관계를 통해서 그리스도께서 다윗의 주가 되심을 밝히시며, 서기관들을 경계하시며, 한 가난한 과부의 두 렙돈을 드림을 통해서 참된 섬김과 믿음을 보이십니다.

1. 바리새인의 논쟁, 사두개인의 논쟁, 서기관의 논쟁을 각각 살펴봅시다 (13-34절).

이 세 가지 논쟁은 마태복음 말씀교재를 참고합니다.

① 바리새인의 논쟁: 세금 논쟁

"가이사의 것은 가이사에게, 하나님의 것은 하나님께 바치라"(17절)

② 사두개인의 논쟁: 부활 논쟁

"너희가 성경도 하나님의 능력도 알지 못하므로 오해함이 아니냐 사람이 죽은 자 가운데서 살아날 때에는 장가도 아니 가고 시집도 아니 가고 하늘에 있는 천사들과 같으니라"(24-25절)

③ 서기관의 논쟁: 가장 큰 계명

"첫째는 이것이니 이스라엘아 들으라 주 곧 우리 하나님은 유일한 주시라 네 마음을 다하고 목숨을 다하고 뜻을 다하고 힘을 다하여 주 너의 하나님을 사랑하라 하신 것이요 둘째는 이것이니 네 이웃을 네 자신과 같이 사랑하라 하신 것이라 이보다 더 큰 계명이 없느니라"(29-31절)

2. 그리스도와 다윗의 관계에 대한 예수님의 질문과 의미를 살펴봅시다 (35-37절).

예수님께서는 바리새인과 사두개인과 서기관의 세 번의 질문을 받으셨으며 이번에는 세 번의 말씀으로 그들에게 가르치시되 종교적 지도자들을 향하여 질문하심으로 가르치시며, 그들을 경계하시며 사람들을 가르치시며, 더 나아가 제자들에게 가난한 과부를 보이시며 가르치십니다.

앞서 예수님께서는 모든 질문에 대답하셨습니다. 이번에는 예수님께서 질문을 하십니다.

"어찌하여 서기관들이 그리스도를 다윗의 자손이라 하느냐"(35절)

"다윗이 성령에 감동되어 친히 말하되 주께서 내 주께 이르시되 내가 네 원수를 네 발 아래에 둘 때까지 내 우편에 앉았으라 하셨도다 하였느니라 다윗이 그리스도를 주라 하였은즉 어찌 그의 자손이 되겠느냐"(36-37절)

한편으로 그리스도는 다윗의 혈통으로 나시기에 다윗의 자손이라고 불릴 수 있지만 그리스도는 하나님으로 다윗의 주가 되십니다. 그는 다윗 전부터, 창세 전부터 계신 다윗의 주가 되십니다.

이에 많은 사람들이 즐겁게 들었습니다.

3. 서기관들을 삼가라 하심을 살펴봅시다(38-40절).

이는 서기관들과 바리새인을 책망하시며 그들을 경계하시는 말씀으로 마태복음 23장1-36절에 매우 길고 자세히 기록되었습니다. 마태복음은 그들이 말하는 바는 행하고 지키되 그들이 행위는 본받지 말라하시며 그들의 외식을 경고하시고 6번에 걸쳐 화를 선포합니다.

4. 과부의 두 렙돈의 교훈을 살펴봅시다(41-44절).

그리스도와 다윗의 관계를 통해서 주를 알게 하시고, 서기관들에 대한 경고의 메시지를 통해서 그들을 경계하셨다면 이제는 제자들에게 주신 말씀을 통해서 우리 자신을 돌아보게 하십니다. 비록 작은 것을 드린 과부의 두 렙돈임에도 불구하고 하나님께서 귀히 여기심을 보며 우리들의 섬김 또한 이처럼 진실되어야 할 것입니다.

렙돈 × 2 = 고드란트
고르란트 × 4 = 앗사리온
앗사리온 × 16 = 데나리온(드라크마)

곧, 렙돈 × 128 = 데나리온

앗사리온까지는 청동화
데나리온은 은화
세겔 므나 달란트는 금 또는 은, 금은 은의 15배

데나리온 × 4 = 세겔
데나리온 × 100 = 므나
므나 × 60 = 달란트

곧, 데나리온 × 6000 = 달란트

1. 여인은 그가 가진 어떠한 것이 아닌 생활비 전부를 드렸습니다. 하나님께 드림은 나머지를 드림이 아닙니다. 여인은 단순히 그가 가진 어떠한 것을 드린 것이 아니라 그 자신을 드림과 같습니다. 왜냐하면 여인에게 그것은 그의 생활비였기 때문입니다.

하나님께서는 참으로 부유한 분이십니다. 구지 그 자신을 우리들에게 주시지 않으셔도 우리는 충분히 많은 것을 하나님께 받을 수 있습니다. 하나님은 부유하신 하나님이시기 때문입니다. 그러나 하나님께서는 우리들에게 그분의 어떠한 것을 주신 것이 아니라 그분 자신을 우리들을 위하여 주셨습니다. 이는 단지 생활비 정도가 아닌 것입니다.

하나님께서 우리들에게 이와 같이 가르치시고 주장하시는 것은 하나님 자신이 우리들에게 주신 것으로 말미암은 것입니다. 네 마음을 다하고 목숨을 다하고 뜻을 다하여 네 하나님 여호와를 사랑하라고 말씀하신 하나님께서는 그러한 사랑을 먼저 우리들에게 보이신 것입니다.

2. 하나님께 드림에 장애가 될 것은 아무것도 없습니다. 하나님께 아무것도 드릴 수 없을 정도로 가난한 사람은 없습니다.

하나님께서 칭찬한 가난한 과부는 사실 가장 부유한 사람입니다. 이는 하나님의 약속입니다. 하나님께서 반드시 갚아주실 것입니다. 하나님께서는 단지 여인을 칭찬하심으로 멈추시는 것이 아닙니다. 하나님께서는 모든 것을 주실 하나님이십니다.

하나님께 부유하지 못한 자가 어리석은 자이며 또한 가난한 자입니다.

3. 우리는 우리의 가진 것이 없음을 통해서 낙심합니다. 그러나 우리 자신이 어떠한 상황 속에서라도 낙심할 이유가 없습니다. 하나님께서는 우리가 가진 것이 없어 받으시지 않음이 아니기 때문입니다. 우리는 결코 하나님 앞에 드릴 것이 없다고 낙심해서는 안됩니다. 어떠한 상황에서도 우리는 주님을 섬길 수 있는 것입니다. 우리는 부족하고 가난하고 연약할 때에 하나님 앞에 더 귀하게 쓰임을 받을 수 있는 기회가 되는 것입니다.

하나님께서는 우리를 주목하십니다. 여러 부자들이 많이 넣었습니다. 그러나 하나님께서는 이들 부자들을 주목한 것이 아니라 한 가난한 과부를 향하여 주목하셨습니다.

4. 여인은 귀한 칭찬을 받았습니다. 우리의 드림도 하나님의 칭찬이 있는 그러한 드림이 되어야 할 것입니다. 하나님께서는 분명히 드리는 자에게 더 귀한 축복을 주시는 것입니다.

성공한 인생은 이 땅에서 부귀와 영화를 누림에 있는 것이 아니라 하나님을 기쁘시게 하는 삶을 살 수 있는 자가 있다면 그 사람은 참으로 복된 인생을 사는 것입니다.

묵 상

01 가이사의 것은 가이사에게, 하나님의 것은 하나님께 바치라 하심에 관하여
나누어 봅시다.

02 부활 논쟁과 교훈에 관하여 나누어 봅시다.

03 두 렙돈을 드린 과부의 교훈을 나누어 봅시다.

되새김

셋째 날 예수님께서는 많은 논쟁을 하십니다. 그러나 이 논쟁을 통해서 오히려
하나님의 뜻이 더 명확하게 됩니다. 믿음은 하나님께 드리며, 살아계신 하나님
을 섬기며 사랑하는 삶입니다. 예수 그리스도는 다윗의 자손이며 주가 되십니다.

P A R T

28

감람 산 강화 1
13장1~13절

Key Point

마가복음 13장은 긴 강화 형태로 마가복음의 독특한 장입니다. 이는 예수 그리스도의 수난에 앞서 고난과 환난을 당하는 공동체에게 그들의 고난 후에 올 영광을 보임으로 그들이 당면한 고난에 담대하게 합니다. 이번 과에서는 성전 멸망의 예고와 재난의 시작에 관하여 전합니다.

마가복음 13장은 마가복음 가운데 독특합니다. 마태복음의 5개의 강화(산상수훈, 제자 파송 설교, 천국 비유 설교, 공동체 설교, 감람 산 강화)가 있다면 마가복음에는 4장의 비유 말씀과 더불어 13장의 긴 강화가 있습니다. 이는 일반적인 마가복음의 성격과 다릅니다. 예수님의 가르침의 긴 강화 대신에 짧은 언급과 행위와 이적, 이야기 중심의 구조 가운데 독특하게 하나의 긴 강화를 전합니다.

마가복음 13장은 마가복음의 청중이 어떠한 상황 속에 있는가를 보다 잘 보여줍니다. 마태복음이 교회를 세우는 데에 관심이 있다면 이 마가복음은 수난과 환난 가운데 있는 자에게 위로가 되며 또한 권면의 말씀이 됩니다.

마치 수난 예고 후에 변모산 경험을 주신 것과 같이 수난의 이야기를 펼치기 전에 감람 산 강화를 통해서 주님의 재림의 관점을 가지고 수난의 이야기를 듣게 하십니다.

■ 마가복음 13장1-37절의 구조적 이해

막 13:1-2: 성전 파괴 예언

막 13:3-13: 재난의 시작

막 13:14-23: 큰 환난

막 13:24-27: 인자의 재림

막 13:28-33: 무화과나무의 비유

막 13:34: 문지기 비유

막 13:35-37: 깨어 있으라

1. 예수님께서 성전을 나가실 때에 하신 성전 파괴에 관한 말씀을 살펴봅시다(1-2절).

예수님께서 성전에서 나오셨습니다(참고: 마 21:23, 막 11:27). 앞서 유대 종교 지도자들과의 논쟁과 그들에 대한 책망에 대한 말씀에서 이제는 제자들에게 주시는 말씀이 이어집니다. 예수님께서는 앞서 성전에 들어가셔서 유대 지도자들과 논쟁하셨으며 이제 성전을 나오셔서 성전의 파괴에 관하여 말씀하십니다. 예수님께서 성전을 나오셨다는 것은 단순한 장소적인 이동이 아닌 신학적인 의미가 있습니다. 곧 이는 성전 제도의 종말을 의미합니다.

예수님께서 성전에서 나가실 때에 제자 중 하나가 물었습니다. '선생님이여 보소서 이 돌들이 어떠하며 이 건물들이 어떠하니이까'(1절) 이에 예수님께서는 대답하셨습니다.

"네가 이 큰 건물들을 보느냐 돌 하나도 돌 위에 남지 않고 다 무너뜨려지리라"(2절)

성전 파괴에 대한 예언의 말씀은 AD 70년에 티투스가 이끄는 로마 군대에 의해서 문자 그대로 성취되었습니다. 그러나 이러한 성전 파괴는 이미 로마 군대에 의한 것이 아니라 예수 그리스도께서 대속의 제물로 자신을 드렸을 때에 더 이상 의미가 없는 것이 된 것입니다.

2. 예수님께서 감람 산에서 성전을 마주 대하여 앉으셨을 때에 제자들의 질문을 살펴봅시다(3-4절).
예수님께서 감람 산에서 성전을 마주 대하여 앉으셨을 때에 베드로와 야고보와 요한과 안드레가 조용히 와서 이르기를

"우리에게 이르소서 어느 때에 이런 일이 있겠사오며 이 모든 일이 이루어지려 할 때에 무슨 징조가 있사오리이까"(4절)

제자들은 '어느 때'와 '징조'에 관하여 물었습니다.

감람 산은 예루살렘 동쪽 1km 지점에 위치해 있습니다. 감람 산에서는 예루살렘 성전이 다 보이며 바로 그곳에서 예루살렘 성전의 파괴와 더 나아가 하나님의 심판과 종말에 관한 말씀을 전해 주시는 것입니다.

3. 종말의 징조들에 관하여 살펴봅시다(5-13절).
예수님께서는 제자들의 질문에 먼저 종말의 징조들에 관하여 말씀하셨습니다

첫째, 거짓 그리스도의 출현입니다.

"너희가 사람의 미혹을 받지 않도록 주의하라 많은 사람이 내 이름으로 와서 이르되 내가 그라 하여 많은 사람을 미혹하리라"(5-6절)

이단 전문가들에 의하면 현재 한국에만 신도가 천명 이상이며 자신을 그리스도라 하는 자들이 50명이 넘는다고 합니다. 그들은 자신을 또 다른 보혜사이며, 재림 주라 말합니다. 이는 마지막 때의 첫 번째 증거가 됩니다.

"여호와께서 내게 이르시되 선지자들이 내 이름으로 거짓 예언을 하도다 나는 그들을 보내지 아니하였고 그들에게 명령하거나 이르지 아니하였거니와 그들이 거짓 계시와 점술과 헛된 것과 자기 마음의 거짓으로 너희에게 예언하는도다"(렘 14:14)

둘째, 전쟁입니다.

"난리와 난리의 소문을 들을 때에 두려워하지 말라 이런 일이 있어야 하되 아직 끝은 아니니라 민족이 민족을, 나라가 나라를 대적하여 일어나겠고"(7-8절)

종말의 징조를 가르치며 '주의하라' 하셨으며 이제는 '두려워하지 말라'고 교훈합니다. 역사 이래로 개인과의 다툼뿐만 아니라 집단, 더 나아가 나라와 민족들의 분쟁의 역사는 계속되어 왔습니다. 그러나 이러한 전쟁과 대립과 갈등은 종말의 때에 더욱 많아지게 될 것입니다.

셋째, 기근과 지진입니다.

"곳곳에 지진이 있으며 기근이 있으리니 이는 재난의 시작이니라"(8절)

전세계적인 기근 현상과 잦은 지진은 마지막 때를 알리는 신호입니다.

넷째, 환난입니다.

"너희는 스스로 조심하라 사람들이 너희를 공회에 넘겨 주겠고 너희를 회당에서 매질하겠으며 나로 말미암아 너희가 권력자들과 임금들 앞에 서리니 이는 그들에게 증거가 되려 함이라"(9절)

마지막 때의 징조 가운데 하나는 환난입니다. 믿음의 핍박은 더욱 거세질 것입니다. 빛을 미워하는 어두움은 빛에 속한 자녀들을 핍박할 것입니다. 10절에 복음이 먼저 만국에 전파되어야 할 것에 관한 다섯 번째 말씀이 나옵니다. 그러나 11절 이하에서 네 번째 징조를 다시 말씀하심은 마지막 날까지 이 환난이 계속될 것을 알게 하십니다.

"사람들이 너희를 끌어다가 넘겨 줄 때에 무슨 말을 할까 미리 염려하지 말고 무엇이든지 그 때에 너희에게 주시는 그 말을 하라 말하는 이는 너희가 아니요 성령이시니라"(11절)

핍박은 다른 사람들만이 아닌 가족들에 의해서까지 일어날 것입니다.

"형제가 형제를, 아버지가 자식을 죽는 데에 내주며 자식들이 부모를 대적하여 죽게 하리라"(12절)

더 나아가 이 핍박은 모든 사람에 의해서 이루어질 것입니다.

"또 너희가 내 이름으로 말미암아 모든 사람에게 미움을 받을 것이나 끝까지 견디는 자는 구원을 받으리라"(13절)

이 환난의 때는 끝까지 참고 견디어야 합니다.

다섯째, 천국 복음의 전파입니다.
비록 많은 어려움이 있겠지만 결국 천국 복음이 모든 민족에게 증언되기 위하여 온 세상에 전파될 것이며 그제야 끝이 오게 될 것입니다.

"또 복음이 먼저 만국에 전파되어야 할 것이니라"(10절)

01 예수님께서 성전 파괴의 예언을 하심에 관하여 나누어 봅시다.

02 요한과 안드레의 질문에 관하여 나누어 봅시다.

03 재난의 시작에 있을 여러 일들에 관하여 나누어 봅시다.

되새김

예수님께서는 먼저 성전의 파괴를 예고하셨습니다. 이는 새로운 세대를 의미하는 것입니다. 그러나 이는 또한 종말에 대한 예고를 주십니다. 종말에는 주의해야 할 바가 있으며, 인내해야 할 바가 있으며, 마지막 이루어야 할 사명이 있습니다.

PART

29

감람 산 강화 2
13장14~23절

Key Point

마가복음 13장은 긴 강화 형태로 마가복음의 독특한 장입니다. 이는 예수 그리스도의 수난에 앞서 고난과 환난을 당하는 공동체에게 그들의 고난 후에 올 영광을 보임으로 그들이 당면한 고난에 담대하게 합니다. 이번과는 재난의 시작과 구분되는 큰 환난에 관하여 전합니다. 이는 세상 끝에 있을 확실한 증거입니다.

본문 이해

예루살렘 성전의 파괴의 예언과 재난의 시작에 이어 큰 환난에 관하여 말씀하십니다. 앞서 제자들이 어느 때에 이런 일이 있겠사오며 이 모든 일이 이루어지려 할 때에 무슨 징조가 있사오리이까라는 물음에 대한 예수님의 답변입니다. 큰 환난은 주의 재림의 임박한 마지막 환난으로 확실한 종말에 대한 증거입니다. 그러나 이 때는 하나님의 은혜로 말미암아 감하여지지 않는다면 모든 육체가 구원을 얻지 못할 두려운 날들입니다.

1. 제자들의 '어느 때'에 이런 일이 있겠사오며 이 모든 일이 이루어지려 할 때에 '무슨 징조'가 있사오리이까는 질문에 예수님의 성경적인 답변을 살펴봅시다(14절).

"멸망의 가증한 것이 서지 못할 곳에 선 것을 보거든(읽는 자는 깨달을진저) 그 때에 유대에 있는 자들은 산으로 도망할지어다"(14절)

앞선 3-4절의 제자들의 질문에 5-13절은 아직 끝이 아닌 징조들에 관한 말씀들이었습니다. 그러나 이제는 확연히 마지막 때를 알리는 사건에 관하여 알게 하십니다. 곧 멸망의 가증한 것이 서지 못할 곳에 서게 되는 것입니다.

"그가 장차 많은 사람들과 더불어 한 이레 동안의 언약을 굳게 맺고 그가 그 이레의 절반에 제사와 예물을 금지할 것이며 또 포악하여 가증한 것이 날개를 의지하여 설 것이며 또 이미 정한 종말까지 진노가 황폐하게 하는 자에게 쏟아지리라 하였느니라 하니라"(단 9:27)

"군대는 그의 편에 서서 성소 곧 견고한 곳을 더럽히며 매일 드리는 제사를 폐하며 멸망하게 하는 가증한 것을 세울 것이며"(단 11:31)

"매일 드리는 제사를 폐하며 멸망하게 할 가증한 것을 세울 때부터 천이백구십 일을 지낼 것이요"(단 12:11)

역사적으로 B.C. 168년 수리아의 셀류코스 왕조의 8대 통치자(B.C. 175-163) 안디오쿠스 4세가 예루살렘을 점령해 성전에 제우스 상을 설치하고 성경에서 부정한 동물로 여겨지는 돼지를 제물로 하여 제사를 드렸습니다. 이는 다니엘에게는 미래의 사건이지만 예수님께는 과거의 사건이며 이러한 사건이 다시 역사 속에서 이루어질 것을 말씀하시는 것입니다. 역사적인 또 다른 성취는 AD 70년 예루살렘이 멸망하고 로마가 성전 폐허 위에 우상의 제단을 세움으로 이루어졌습니다.

2. 주의 임하심과 세상 끝의 징조에 나타날 때에 긴박성에 관하여 살펴봅시다(14-16절).
앞선 5-13절까지는 아직 끝이 아니며 재난의 시작인 징조들이었습니다. 그러나 15절의 징조는 확실한 징조이며 더 나아가 긴박함을 징조입니다. 그 때에 행할 일들을 예수님께서는 가르치십니다.

　　1. 그 때에 유대에 있는 자들은 산으로 도망할지어다
　　2. 지붕 위에 있는 자는 내려가지도 말고 집에 있는 무엇을 가지러 들어가지도 말며
　　3. 밭에 있는 자는 겉옷을 가지러 뒤로 돌이키지 말지어다

3. 큰 환난의 때에 관하여 살펴봅시다(17-23절).
　　세상 끝에 있을 징조와 더불어 큰 환난이 이 땅에 있게 될 것입니다.

　　"그 날에는 아이 밴 자들과 젖먹이는 자들에게 화가 있으리로다"(17절)

　　그 날에는 아이 밴 자들과 젖먹이는 자들조차 보호받지 못함으로 그들에게 오히려 화가 있을 것입니다. 이는 가장 잔인하며 슬픔이 있는 날이 될 것입니다.

　　"이 일이 겨울에 일어나지 않도록 기도하라"(18절)

　　만일 이 일이 겨울에 있게 되어지면 더 큰 화가 있을 것입니다. 겨울은 매우 춥고 비가 많이 오는 우기에 속해 있음으로 환난의 때가 더 힘

들 것입니다. 마태복음은 여기에 안식일을 첨가합니다. 유대 그리스도인을 대상으로 하는 마태복음은 안식일을 말하였으나 이방 그리스도인을 대상으로 하는 마가복음에서는 안식일을 생략합니다.

"이는 그 날들이 환난의 날이 되겠음이라 하나님께서 창조하신 시초부터 지금까지 이런 환난이 없었고 후에도 없으리라 만일 주께서 그 날들을 감하지 아니하셨더라면 모든 육체가 구원을 얻지 못할 것이거늘 자기가 택하신 자들을 위하여 그 날들을 감하셨느니라"(19-20절)

이 때의 환난은 이전의 환난과 확연하게 구분됩니다. 이 큰 환난은 창세로부터 없었던 환난입니다. 만일 그 날들을 감하지 아니하면 모든 육체가 구원을 얻지 못할 환난입니다. 그러나 하나님께서는 택하신 자들을 위하여 그 날들을 감하실 것입니다.

"그 때에 어떤 사람이 너희에게 말하되 보라 그리스도가 여기 있다 보라 저기 있다 하여도 믿지 말라 거짓 그리스도들과 거짓 선지자들이 일어나서 이적과 기사를 행하여 할 수만 있으면 택하신 자들을 미혹하려 하리라 너희는 삼가라 내가 모든 일을 너희에게 미리 말하였노라"(21-23절)

마지막 때는 큰 환난뿐만 아니라 더 큰 유혹과 미혹이 있게 될 것입니다.

큰 표적과 기사는 택하신 자들도 미혹할 것입니다. 할 수 있으면 택하
신 자들도 미혹할 것입니다.

묵상

01 재난의 시작과 큰 환난을 구분하여 봅시다.

02 세상 끝에 있을 확실하고 긴박한 징조는 무엇입니까?

03 큰 환난 때에 주의해야 할 바에 관하여 나누어 봅시다.

되새김

큰 환난의 확실한 증거는 재난의 시작으로 말미암아 사람들의 마음을 동요하지 않고 미혹되지 않게 합니다. 그러나 큰 환난의 두려움은 고난도, 미혹의 무게도 모두 무거운 것입니다. 오직 모든 시험을 이기고 견딤에는 하나님의 은혜가 필요합니다.

PART

30

감람 산 강화 3
13장24~37절

Key Point

마가복음 13장은 긴 강화 형태로 마가복음의 독특한 장입니다. 이는 예수 그리스도의 수
난에 앞서 고난과 환난을 당하는 공동체에게 그들의 고난 후에 올 영광을 보임으로 그들
이 당면한 고난에 담대하게 합니다. 이번 과는 인자의 임함에 관하여 전하며 그 날과 그 때
를 알지 못하는 자들에게 깨어 있을 것과 알아야 할 것과 준비해야 할 것을 교훈하십니다.

본문 이해

재난의 시작과 큰 환난에 이어 이번 과는 '인자의 오심'에 관한 말씀입니다.

1. 인자의 재림의 징조를 살펴봅시다(24-27절).

앞서 제자들은 이 모든 일이 이루어지려 할 때에 무슨 징조가 있을지 물었습니다(4절). 이에 예수님께서는 먼저 재난의 시작과 큰 환난에 대해서 말씀하심으로 '세상 끝'에 이루어질 일들을 알게 하셨고 더 나아가 주의 재림의 모습을 알게 하십니다.

인자의 징조가 해와 달과 별들을 통해서 하늘에서 보일 것입니다.

"그 때에 그 환난 후 해가 어두워지며 달이 빛을 내지 아니하며 별들이 하늘에서 떨어지며 하늘에 있는 권능들이 흔들리리라"(24-25절)

그러나 이러한 천체적인 현상 자체가 모든 것이 아닙니다. 그 때에 인자가 구름을 타고 큰 권능과 영광으로 오는 것을 사람들이 볼 것입니다.

"그 때에 인자가 구름을 타고 큰 권능과 영광으로 오는 것을 사람들이 보리라"(26절)

초림 때에 주님을 맞이한 사람은 소수에 불가하였습니다. 그러나 재림 때에는 모든 사람들이 주를 보게 될 것입니다. 단지 몇 사람만이 아닌 택하신 모든 사람들이 인자를 맞이하게 될 것입니다. 이 일을 수종드는 일은 천사들의 일입니다. 인자는 천사들을 보내어 그의 택하신 자들을 땅 끝으로부터 하늘 끝까지 사방에서 모을 것입니다.

"또 그 때에 그가 천사들을 보내어 자기가 택하신 자들을 땅 끝으로부터 하늘 끝까지 사방에서 모으리라"(27절)

2. 무화과나무의 비유를 살펴봅시다(28-32절).

"무화과나무의 비유를 배우라 그 가지가 연하여지고 잎사귀를 내면 여름이 가까운 줄 아나니 이와 같이 너희가 이런 일이 일어나는 것을 보거든 인자가 가까이 곧 문 앞에 이른 줄 알라 내가 진실로 너희에게 말하노니 이 세대가 지나가기 전에 이 일이 다 일어나리라 천지는 없어지겠으나 내 말은 없어지지 아니하리라 그러나 그 날과 그 때는 아무도 모르나니 하늘에 있는 천사들도, 아들도 모르고 아버지만 아시느니라"(28-32절)

무화과나무의 비유를 배우라 하심은 무화과나무의 성장 원리를 통한 교훈을 가르칩니다. 무화과나무는 잎사귀와 동시에 열매를 맺는 특징을 가집니다. 늦은 봄이 되면 그 가지가 수분을 충분히 흡수하여 연하여지고 잎이 커지기 시작합니다. 그러므로 여름에 잎이 만개하며 열매도

커지고 익는 것입니다. 이제 무화과나무의 비유는 세상 끝에 나타나게 될 징조에 대한 말씀에서 이러한 징조가 나타나게 될 때에 분별력을 가져야 함을 가르치시는 것입니다. 이 모든 것은 확실히 일어날 것이지만 마지막까지 주의해야 할 바는 그 날과 그 때는 아무도 모르고 하늘의 천사들도, 아들도 모르고 오직 아버지만이 아신다는 것입니다.

3. 문지기의 비유를 살펴봅시다(34-37절).

"주의하라 깨어 있으라 그 때가 언제인지 알지 못함이라 가령 사람이 집을 떠나 타국으로 갈 때에 그 종들에게 권한을 주어 각각 사무를 맡기며 문지기에게 깨어 있으라 명함과 같으니 그러므로 깨어 있으라 집주인이 언제 올는지 혹 저물 때일는지, 밤중일는지, 닭 울 때일는지, 새벽일는지 너희가 알지 못함이라 그가 홀연히 와서 너희가 자는 것을 보지 않도록 하라 깨어 있으라 내가 너희에게 하는 이 말은 모든 사람에게 하는 말이니라 하시니라"(33-37절)

이는 다음의 4가지 교훈을 줍니다. 첫째, 주인의 부재입니다. '사람이 집을 떠나 타국으로 갈 때'는 오늘날 성도들이 견디는 부활과 재림의 사이에 고난의 시간이 있음을 알게 합니다. 그러나 이 부재 속에서 성도는 보이지 않는 하나님이 은밀한 중에 계심을 믿고 승리하여야 할 것입니다.

둘째, 권한의 부여입니다. '그 종들에게 권한을 주어'라는 말씀은 하나님께서 부재의 시간들을 무기력하게 하시지 않으시고 주님의 일들을 계속 수행하게 하시는 것입니다.

셋째, 청지기적 사명입니다. '각각 사무를 맡기며'라 말씀하심은 청지기가 주인의 것을 맡아 충성됨과 같이 행하여야 함을 알게 하시는 것입니다.

마지막 넷째, 깨어 있어야 합니다. '문지기에게 깨어 있으라 명함과 같으니' 이는 주의 재림을 기다리는 성도에게 주시는 중요한 메시지입니다. 이 말씀은 결코 제자들에게만, 초대 교회에게만, 마가의 독자들에게만 주시는 말씀이 아닙니다. 이 말씀은 모든 믿음의 사람들에게 주시는 말씀입니다.

"깨어 있으라 내가 너희에게 하는 이 말은 모든 사람에게 하는 말이니라"(37절)

01 환난 후에 인자의 오심을 나누어 봅시다.

02 무화과나무의 비유에 관하여 나누어 봅시다.

03 문지기 비유에 관하여 나누어 봅시다.

되새김

제자들은 주의 임하심과 세상 끝의 징조에 대해서 알기를 원하였습니다. 그러나 중요한 것은 생각하지 않은 날 알지 못하는 시각에 오시는 주의 오심을 깨닫고 준비하는 삶을 사는 것입니다.

마가복음

제7부

수난
(14:1-15:47)

PART

31

향유를 부은 여인
14장1~11절

Key Point

마가복음 11장의 예루살렘 입성으로 시작된 고난주간은 마가복음 14-15장의 수난장
에 이르러 절정에 이릅니다. 이번 단락은 예수님의 죽음을 예비한 향유 도유 사건에 관
하여 전합니다.

본문 이해

감람 산 강화의 말씀이 끝나고 시간적으로 유월절 이틀 전에 이릅니다. 감람 산 강화로 예수님의 가르침과 말씀의 사역은 절정에 이르고 이제 예수님의 제사장적인 사역이 시작됩니다. 보다 십자가로 가까이 가심에 관한 말씀이 14장으로부터 시작됩니다. 14-15장은 예수님의 예루살렘 중심 활동의 마지막인 수난에 관한 말씀입니다.

■ 마가복음 14장1-15장47절의 구조적 이해

막 14:1-2: 대제사장들과 서기관들의 모의

막 14:3-9: 향유를 부은 여인

막 14:10-11: 가룟 유다의 배신

막 14:12-16: 유월절 음식 준비

막 14:17-21: 가룟 유다의 배신 예고

막 14:22-26: 최후의 만찬

막 14:27-31: 베드로의 부인 예고

막 14:32-42: 겟세마네의 기도

막 14:43-50: 잡히신 예수님

막 14:51-52: 벗은 몸으로 도망간 청년

막 14:53-65: 산헤드린 공회의 심문

막 14:66-72: 베드로의 세 번의 부인

막 15:1-5: 빌라도에게 넘겨줌

막 15:6-15: 빌라도의 재판

막 15:16-20: 군인들의 희롱

막 15:21-32: 십자가에 못 박히신 예수님

막 15:33-41: 죽으신 예수님

막 15:42-47: 무덤에 장사되신 예수님

1. 대제사장들과 서기관들의 모의를 살펴봅시다(1-2절).

이틀이 지나면 유월절과 무교절이라 함은 이 날이 화요일임을 암시합니다. 12절의 무교절 첫날 곧 유월절 양 잡는 날인 목요일의 이야기를 시작함에 앞서 먼저 대제사장들과 서기관들의 모의와 가룟 유다의 배신에 관한 배경적인 이야기를 전합니다.

대제사장들과 서기관들은 흉계로 예수를 잡아 죽일 방도를 구하였습니다. 그들은 치밀하게도 민란이 날까 하니 명절에는 말자 하였습니다. 하나님의 섭리는 사람의 계획 가운데에도 나타납니다. 그들은 악으로 계획하였지만 이 모든 일들은 하나님의 섭리 가운데 있었습니다.

마태복음을 통해서는 예수님께서 자신의 십자가 죽으심을 밝히십니다. 곧 대제사장들과 백성의 장로들은 예수님을 죽이고자 하는 모의를 행하였으나 이는 그들의 일이 아닌 하나님의 일이었습니다. 육의 일이 아닌 하늘에 속한 일이며, 육적인 일이 아닌 영적인 일이었습니다. 유월절의 민란을 두려워하였던 그들이 명절 전에 예수님을 십자가에 못 박지만 하나님께서는 예수님을 참된 유월절 어린양으로 이 땅에 보내신 것입니다.

2. 향유 옥합을 부은 여인의 이야기를 살펴봅시다(3-9절).

향유 옥합을 부은 사건은 세 부분으로 나누어집니다. 첫째 부분은 한 여인이 향유를 부은 일입니다(3절). 둘째 부분은 향유를 부은 여인을 책망한 일이며(4-5절) 마지막 세 번째 부분은 여인을 칭찬하시는 예수님의 말씀으로 마무리됩니다(6-9절).

첫째, 한 여인이 향유를 부은 일입니다. 예수님께서 베다니의 나병환자 시몬의 집에서 식사하실 때에 한 여자가 매우 값진 향유 곧 순전한 나드 한 옥합을 가지고 와서 그 옥합을 깨뜨려 예수님의 머리에 부었습니다. 시간적으로는 화요일에 해당되는 날이나 예수님께 향유를 부은 이 일은 유월절 여섯 전에 이루어진 일입니다(요 12:1). 그럼에도 불구하고 이곳에 향유 옥합의 말씀을 위치한 것은 예수님의 대속의 죽음을 예비하기 때문입니다. 유대 종교자들의 모의와 가룟 유다의 배신 한가운데 한 여인의 아름다운 신앙의 면모와 하나님의 섭리를 보입니다.

둘째, 향유를 부은 여인을 책망한 일입니다. 이스라엘 사람들은 식사 전에 손님에게 물과 기름을 주거나 종이 발을 씻기고, 기름을 발라 주게 되어 있습니다. 그런데 한 여인이 행한 일은 식사 전이 아닌 식사

하시는 주님께 부었습니다. 그러므로 이 여인의 행위는 일상적인 행위가 아니었습니다. 예수님께 향유를 부음은 손님을 영접하기 위한 것도 아니었습니다. 이미 예수님을 영접하였기 때문입니다. 식사를 위한 것이 아니었으며 단순하게 집안에 손님을 맞이함이 아니었던 것입니다.

더욱이 주께 부은 향유는 매우 귀한 것이었습니다. 그러므로 어떤 사람들은 화를 내어 서로 말하기를 어찌하여 이와 같이 허비하느냐고 묻습니다. 제자들의 눈에 그것은 허비하는 것이었습니다. 더 나아가 그들은 더 좋은 방법에 관하여 이야기하였습니다. 이것을 비싼 값에 팔아 가난한 자들에게 줄 수 있었겠도다라는 것입니다.

셋째, 예수님께서 한 여인을 칭찬하신 일입니다. 한 여인과 제자들의 모습에서 이제는 주님의 말씀을 듣게 합니다. 예수님께서는 여인의 행위를 그 향유보다 더 귀하게 여기셨습니다. 여인의 행위는 좋은 일이며, 여인은 힘을 다하였으며, 이는 예수님의 장례를 위한 일이었습니다. 여인이 행한 일은 복음이 전파되는 곳에서 기억될 것입니다.

3. 가룟 유다의 배신을 살펴봅시다(10-11절).

예수님의 열두 제자 중의 한 사람인 가룟 유다가 예수님을 넘겨 주려고 대제사장들에게 갔습니다. 이에 그들이 듣고 기뻐하며 돈을 주기로 약속하였습니다. 그들은 예수를 흉계로 잡아 죽일 방도를 구하였는데 그 일을 이룰 수 있는 방도를 찾은 것입니다. 가룟 유다는 그때부터 예수님을 넘겨줄 기회를 찾게 됩니다.

묵 상

01 예수님의 죽으심을 유월절을 통해서 나누어 봅시다.

02 향유를 부은 여인을 통한 교훈을 나누어 봅시다.
  1. 깨뜨림에 관하여
  2. 힘을 다함에 관하여
  3. 복음에 쓰임 받음에 관하여

03 가롯 유다를 통한 교훈을 나누어 봅시다.

되새김

예수님의 십자가의 죽으심에 선한 일에 쓰임을 받은 자와 복음을 위하여 악하게 쓰임을 받은 자에 관한 말씀입니다. 한 여인이 부은 향유는 예수님의 장례를 위하여 거룩하게 쓰임을 받았습니다. 이제 복음을 전하며 복음을 위한 삶은 저 여인의 행위보다 더욱 값지고 거룩하게 쓰임이 될 것입니다.

PART

32

최후의 만찬
14장12~26절

Key Point

14-15장은 수난장입니다. 이전 과의 대제사장들과 서기관들의 살해 음모와 향유 도유, 가룟 유다의 배신의 말씀에 이어 이번 과에서는 최후의 만찬에 관하여 전합니다.

11장의 예루살렘 입성으로 시작된 고난의 주간 중에 14장은 시간적으로 유월절 이틀전으로부터 수난을 시작합니다. 이러한 십자가로 향하심은 대제사장들과 서기관들의 흉계 - 향유 도유 - 가룟 유다의 배신에 이어 최후의 만찬으로 이어집니다.

1. 유월절을 준비함을 살펴봅시다(12-16절).

사복음서를 종합적으로 살펴볼 때에 예수님의 마지막 만찬은 고난주간의 목요일, 니산월 12일에 행하여졌습니다. 마가복음은 무교절의 첫날을 이방인 그리스도의 이해를 위하여 곧 유월절 양 잡는 날이라고 설명합니다. 이 날에 제자들이 예수님께 '우리가 어디로 가서 선생님께서 유월절 음식을 잡수시게 준비하기를 원하시나이까'라 물었습니다. 이에 예수님께서는 제자 중 둘을 보내시며 다소 길고 자세한 말씀을 주셨습니다.

"성내로 들어가라 그리하면 물 한 동이를 가지고 가는 사람을 만나리니 그를 따라가서 어디든지 그가 들어가는 그 집 주인에게 이르되 선생님의 말씀이 내가 내 제자들과 함께 유월절 음식을 먹을 나의 객실이 어디 있느냐 하시더라 하라 그리하면 자리를 펴고 준비한 큰 다락방을 보이리니 거기서 우리를 위하여 준비하라"(13-15절)

이에 제자들이 나가 성내로 들어가서 예수님께서 하시던 말씀대로 만나 유월절 음식을 준비하였습니다.

2. 가룟 유다의 배신을 예고하심을 살펴봅시다(17-21절).

"내가 신뢰하여 내 떡을 나눠 먹던 나의 가까운 친구도 나를 대적하여 그의 발꿈치를 들었나이다"(시 41:9)

말씀에 대한 성취로 가룟 유다의 배신을 예고합니다.

저물매 예수님께서 열두 제자들을 데리시고 가서 다 앉아 먹을 때에 예수님께서 말씀하셨습니다.

"내가 진실로 너희에게 이르노니 너희 중의 한 사람 곧 나와 함께 먹는 자가 나를 팔리라"(18절)

십자가의 죽음의 시작이 팔리심으로 말미암는데 그 팔리심이 다름 아닌 예수님의 제자들 중의 한 사람으로 말미암는다는 것은 참으로 충격적인 일이었습니다. 이미 예수님께서 자신의 수난을 예고하심으로 근심 가운데 있었던 제자들은 예수님의 이 말씀에 더욱 근심하게 됩니다. 이에 각각 물었습니다.

"나는 아니지요"(19절)

이에 주님께서는 말씀하셨습니다.

"열둘 중의 하나 곧 나와 함께 그릇에 손을 넣는 자니라 인자는 자기에 대하여 기록된 대로 가거니와 인자를 파는 그 사람에게는 화가 있으리로다 그 사람은 차라리 나지 아니하였더라면 자기에게 좋을 뻔하였느니라"(23-24절)

앞서 대제사장들에게 가서 돈을 받고 예수님을 넘겨 줄 기회를 찾는 유다의 행위를 이미 예수님께서는 다 알고 계시며 더 나아가 그의 행위를 예고하십니다.

3. 유월절 만찬 행하심을 살펴봅시다(22-26절).

계속된 만찬 가운데 예수님께서 성만찬의 일을 행하십니다.

분병

"예수께서 떡을 가지사 축복하시고 떼어 제자들에게 주시며 이르시되 받으라 이것은 내 몸이니라 하시고"(22절)

분잔

"또 잔을 가지사 감사 기도 하시고 그들에게 주시니 다 이를 마시매 이르시되 이것은 많은 사람을 위하여 흘리는 나의 피 곧 언약의 피니라"(24절)

예수님께서 자신의 죽으심에 확고함과 더불어 다시 사심에 대한 소망의 말씀을 다음과 같이 남기셨습니다.

"진실로 너희에게 이르노니 내가 포도나무에서 난 것을 하나님 나라에서 새것으로 마시는 날까지 다시 마시지 아니하리라"(25절)

이에 그들이 찬미하고 감람 산으로 갔습니다.

묵상

01 최후의 만찬을 준비와 예비됨을 나누어 봅시다.

02 가롯 유다의 배신을 예고하심을 나누어 봅시다.

03 최후의 만찬의 의미에 관하여 나누어 봅시다.

되새김

예수님께서는 최후의 만찬을 통해서 친히 성찬의 예식을 행하십니다. 이 만찬을 통해서 예수님께서는 제자들에게 주님의 몸을 기념하고 주님의 피를 기념하게 하셨습니다. 예수님께서는 십자가로 말미암아 자신이 몸을 주셔서 우리들로 먹고 마시게 하셔서 구원에 이르게 하신 것입니다.

PART

33

베드로의 부인 예고와
겟세마네의 기도
14장27~42절

Key Point

14-15장은 수난장으로 대제사장들과 서기관들의 살해 음모, 향유 도유, 가룟 유다의 배신과 최후의 만찬의 말씀에 이어 이번 과에서는 베드로의 부인 예고와 예수님의 겟세마네의 기도에 관하여 전합니다.

마가복음 14-15장은 수난장으로 유월절 이틀 전으로부터 시작합니다. 한 여인의 향유 도유는 이러한 수난의 시작을 알리며 가룟 유다의 배신, 최후의 만찬에 이어 이번 과에서는 베드로의 부인 예고와 겟세마네의 기도에 관하여 전합니다. 예수님께서 제자들을 사랑하신 이유는 그들이 행할 일을 알지 못하셨기 때문이 아닙니다. 예수님께서 기도하신 이유는 자신에게 이루어질 일들을 알지 못하셨기 때문이 아닙니다. 주님은 자격이 없는 자들을 사랑하셨으며, 기도하심으로 그분의 일을 온전히 이루셨습니다. 자격이 없는 자들을 사랑하심으로 더욱 그의 사랑하심을 신뢰할 수 있으며 자신에게 주어진 일들을 그대로 받으시는 주님의 기도로 기도의 깊이를 봅니다.

1. 제자들이 예수님을 버릴 것을 예고하심을 살펴봅시다(27-31절).

최후의 만찬 시에 가룟 유다가 자신을 배신할 것을 예고하심에 이어 겟세마네 기도 전에 주님께서는 이번에는 제자들이 자신을 버릴 것을 예고하셨습니다. 그들이 넘어질 것을 예고하심은 그들을 정죄하심이 목적이 아닙니다. 그들의 넘어짐까지도 아시며 그들의 넘어짐에 낙심하지 말 것을 도리어 위로하시는 깊으신 주님의 사랑인 것입니다.

"너희가 다 나를 버리리라 이는 기록된 바 내가 목자를 치리니 양들이

흩어지리라 하였음이니라 그러나 내가 살아난 후에 너희보다 먼저 갈 릴리로 가리라"(27-28절)

주님의 죽으심에도 불구하고 내 아버지의 나라에서 새것으로 너희 와 함께 마심에 관하여 소망의 말씀을 주심과 같이 제자들이 다 자신 을 버릴지라도 내가 살아난 후에 너희보다 먼저 갈릴리로 가시겠다는 말씀을 통해서 그들을 갈릴리로 부르심에 대한 말씀을 주십니다. 주님 께서 제자들을 다시 볼 것은 저 하나님 나라가 아닌 이 땅의 갈릴리인 것입니다.

예수님의 말씀에 베드로는 고백하기를 "다 버릴지라도 나는 그리하 지 않겠나이다"(29절)라고 하였습니다. 이는 그의 여러 번의 넘어짐 가 운데 가장 큰 넘어짐의 모습입니다.

이에 예수님께서는 "내가 진실로 네게 이르노니 오늘 이 밤 닭이 두 번 울기 전에 네가 나를 세 번 나를 부인하리라"(30절)고 하셨습니다. 그러나 베드로는 다시 한번 힘입게 "내가 주와 함께 죽을지언정 주를 부인하지 않겠나이다"(31절)라 하였고 모든 제자도 이와 같이 말하였 습니다.

2. 예수님의 겟세마네의 기도하심을 살펴봅시다(32-36절).
예수님께서 제자들과 함께 겟세마네라 하는 곳에 이르셨습니다. 겟세마네는 감람 산 서쪽 기슭에 위치해 있으며 '기름 짜는 틀'이라는 뜻을 가집니다. 예수님께서는 제자들에게 이르시기를 "내가 기도할 동안에 너희는 여기 앉아 있으라"(32절) 하셨습니다.

예수님께서는 베드로와 세베대의 두 아들을 데리고 가실새 심히 놀라시며 슬퍼하시며 말씀하시기를 '내 마음이 심히 고민하여 죽게 되었으니 너희는 여기 머물러 깨어 매우 고민하여 죽게 되었으니 너희는 여기 머물러 나와 함께 깨어 있으라' 하셨습니다. 예수님께서는 특별히 세 제자들에게 많은 것을 보여주시며 더 많은 것을 함께 나누기를 원하셨습니다.

예수님께서는 조금 나아가셔서 땅에 엎드리어 될 수 있는 대로 이 때가 자기에게서 지나가기를 구하였습니다.

"아빠 아버지여 아버지께는 모든 것이 가능하오니 이 잔을 내게서 옮기시옵소서 그러나 나의 원대로 마시옵고 아버지의 원대로 하옵소서"(36절)

3. 자는 제자들과 예수님의 책망을 살펴봅시다(37-38절).

첫 번째 기도 하신 후에 제자들에게 오신 주님께서는 제자들이 자는 것을 보셨습니다. 예수님께서는 베드로에게 "시몬아 자느냐 네가 한 시간도 깨어 있을 수 없더냐 시험에 들지 않게 깨어 있어 기도하라 마음에는 원이로되 육신이 약하도다"(37-38절)고 하셨습니다.

4. 예수님의 계속되는 기도와 제자들의 모습을 살펴봅시다(39-40절).

예수님께서 다시 나아가 동일한 말씀으로 기도하시고 다시 오셔서 보신즉 그들이 자고 있었습니다. 이는 그들의 눈이 심히 피곤하였기 때문입니다. 그들이 예수님께 무엇으로 대답할 줄을 알지 못하였습니다.

5. 인자가 죄인의 손에 팔림을 예언하심을 살펴봅시다(41-42절).

"세 번째 오사 그들에게 이르시되 이제는 자고 쉬라 그만 되었다 때가 왔도다 보라 인자가 죄인의 손에 팔리느니라 일어나라 함께 가자 보라 나를 파는 자가 가까이 왔느니라"(41-42절)

그날 밤에 이루어질 일들을 예고하신 주님께서는 이제는 바로 지금 이 순간에 이루어질 일을 예고하십니다. 그것은 인자가 죄인의 손에 팔리는 일이었습니다. 예수님께서는 이와 같이 자신의 일들을 반복적으로 예고하심으로 말미암아 십자가의 죽으심이 사람으로 말미암은 일이 아닌 하나님의 섭리와 뜻 가운데 있음을 알게 하십니다.

묵 상

01 예수님의 기도하심에 관하여 나누어 봅시다.

02 예수님의 겟세마네의 기도하심이 내게 주는 교훈에 관하여 나누어 봅시다.

03 예수님께서 마지막까지 자신에게 이루어질 일들을 예언하심을 살펴봅시다.

되새김

겟세마네의 기도는 우리들에게 참된 기도가 무엇인지를 보여 주십니다. 기도는 어떠한 황홀경이 아니며, 기도는 소원의 성취가 아니며, 기도는 경건의 수준이 아닙니다. 기도는 하나님의 뜻을 그대로 받는 것입니다.

PART

34

예수님의 잡히심
14장43~52절

Key Point

14-15장은 수난장으로 대제사장들과 서기관들의 살해 음모, 향유 도유, 가룟 유다의 배신과 최후의 만찬, 베드로의 부인 예고와 예수님의 겟세마네의 기도에 이어 이번 과에서는 예수님께서 가룟 유다가 이끌고 온 무리들에게 잡히심에 관하여 전합니다.

본문 이해

　앞서 빌립보 가이사랴에서부터 예수님께서는 자신이 예루살렘에 올라가 장로들과 대제사장들과 서기관들에게 버린 바 되어 죽임을 당하고 제 삼일에 살아나야 할 것을 말씀하셨습니다(막 8:31). 마가복음 8장29절의 빌립보 가이사랴에서 베드로의 고백과 예수님의 수난 예고의 말씀은 마가복음의 새로운 전환을 의미합니다. 예수님의 여정은 마가복음 11장1절 이하에서 다시 한번 전환됩니다. 예루살렘을 향하신 주님의 여정이 이제는 예루살렘에 도착하심으로 성취되기 때문입니다(막 11:11). 그러나 아직 수난의 시작은 아니었습니다. 예수님께서는 도리어 성전에서 책망하시고, 종교 지도자들과 논쟁하셨기 때문입니다. 고난 주간의 시작은 예루살렘의 입성으로 시작되었지만 아직 고난의 시간은 아니었습니다. 14장1절의 말씀은 이러한 의미에서 새로운 전환이 됩니다. 이제는 주님의 고난에 더욱 가까이 왔음을 알리십니다. 예수님께서는 논쟁을 멈추시고 자신의 제사장 사역을 행하십니다. 그리고 마침내 14장43절 이하의 말씀에서 예수님께서는 잡히심으로 그의 고난의 시간에 들어가시게 됩니다.

1. 예수님을 잡고자 하는 자들의 등장을 살펴봅시다(43절).

　'말씀하실 때에' 어떠한 말씀입니까? 42절에 주님께서는 겟세마네 동산에서 다음과 같이 말씀하셨습니다. '일어나라 함께 가자 보라 나를 파는 자가 가까이 왔느니라' 즉 예수님께서는 앞으로 일어날 그 모든 일에 관하여 이미 내다보시고 계셨습니다. 이러한 말씀을 하실 때에 예수를 체포하고 결박하려는 무리들이 오고 있었던 것입니다. 예수님의 수난과 죽음은 자발적이며 심지어 적극적이기까지 합니다. 유다와 대제사장들과 서기관들과 장로들은 은밀한 계획 가운데 이 일을 꾸몄고 치밀한 계획 아래 예수를 죽음으로 이끄는 것 같지만 이 모든 일은 하나님의 주권 아래 이루어집니다.

대제사장들과 백성의 장로들에게서 파송된 무리는 검과 몽치를 가지고 왔습니다. 과연 예수를 잡기에 이렇게 큰 무리가 필요했습니까? 그러한 병기가 필요했습니까? 예수의 제자들은 잘 훈련된 군사와 같은 사람들이 아닙니다. 그 누구도 군사들의 위협 아래 예수님을 보호할 수 없습니다. 또한 예수, 그는 자신을 위한 아무 무기도 없이 자신을 늘 개방하셨습니다. 예수님의 옷깃을 만지기 원했던 한 여인이 예수님의 옷을 만졌듯이 그는 늘 사람들에게 대해서 개방적이셨고 원하기만 한다면 누구라도 그 분 앞에 나아갈 수 있었습니다. 그럼에도 불구하고 이렇게 많은 사람들이 병기로 무장하여 은밀한 계획 아래에서 예수께 나아감은 무슨 연고입니까? 그들은 예수님이 가진 신성과 그 능력을 두려워하였습니다. 그래서 그들은 막상 자신들이 찾았던 예수님을 뵙게 되었을 때 그 앞에서 엎드려 질 수밖에 없었습니다(요 18장6절). 그럼에도 불구하고 하나님께 향한 두려움을 가지고도 그 앞에 나아감은 실로 죄인의 어리석음과 같은 것입니다. 죄인은 그것이 죄인지 알고도 그 죄를 행합니다. 악인은 그것이 악인지 알고도 그 악을 행하고야 마는 것입니다. 하나님께 붙들림 받지 못한다면 우리는 우리 자신에 대하여 절제치 못합니다. 죽음을 향하여 내 디디는 우리의 발걸음을 돌이키지 못하는 것입니다. 우리들은 항상 우리들의 매 순간의 삶이 하나님께 붙들림을 받도록 간구하여야 할 것입니다.

2. 가룟 유다의 배신을 살펴봅시다(44-45절).

성경은 유다의 이름보다는 그를 향하여 '예수를 파는 자'라 하였습니다. 이는 참으로 부끄럽고 두려운 호칭입니다. 유다는 무리들과 군호를 짜서 누가 예수인지를 알렸습니다. 그는 대 놓고 예수를 가리키지 못하였지만 이러한 수치심과 부끄러움도 결코 우리를 죄악에서 돌이키게 하지 못합니다. 무리들이 가진 두려움도 그들의 죄악에서 돌이키지 못하였고 또한 유다가 가진 두려움과 수치심도 유다 자신을 이 커다란 죄악에서 구원치 못하였습니다. 따라서 우리가 죄의 길로 나아가지 아니하고 의인의 길로 나아간다는 것은 참으로 은혜요, 우리를 향한 하나님의 사랑이요 붙드심이라 아니할 수 없습니다.

유다는 예수께 다가와 '랍비여'하고 입을 맞추었습니다.

3. 예수와 함께 있던 자 중의 하나가 칼로 대제사장의 종을 침을 살펴봅시다(46-50절).

유다의 군호에 의해 무리들은 예수님을 잡기에 이릅니다. 이 때 예수님 곁에 서 있는 자 중의 한 사람이 칼을 빼어 대제사장의 종을 쳐 그 귀를 떨어뜨립니다. 요한복음의 말씀은 이 칼을 뺀 사람이 베드로이며, 그 종의 이름은 말고라고 증거합니다(요 18:10).

마가복음은 1. 이러한 행위를 반대하심과 2. '칼을 가지는 자는 칼로 망한다'는 교훈과 3. 대제사장의 귀를 치유하심의 이야기를 생략합니다.

다만 무리에게 행하신 말씀만을 전합니다.

"예수께서 무리에게 말씀하여 이르시되 너희가 강도를 잡는 것 같이 검과 몽치를 가지고 나를 잡으러 나왔느냐 내가 날마다 너희와 함께 성전에 있으면서 가르쳤으되 너희가 나를 잡지 아니하였도다 그러나 이는 성경을 이루려 함이니라 하시더라"(48-49절)

유대 종교 지도자들은 항상 예수를 못 마땅하게 여겨왔고 잡기를 원했었지만 예수님은 늘 아무 호위병도 없이 성전에서 가르쳐왔습니다. 즉 예수를 잡기 원했다면 언제든지 잡을 수가 있었습니다. 그러나 이 일이 이제야 진행되는 것은 바로 이 모든 일의 주권이 하나님께 있다는 것을 다시 한번 보여주는 것입니다.

제자들은 다 예수를 버리고 도망하였습니다.

4. 벗은 몸으로 도망한 청년을 살펴봅시다(51−52절).

마태복음에서 마태의 흔적을 발견하고, 마가복음에서 마가의 흔적을 발견하는 것은 흥미로운 일입니다. 마가복음에서도 또한 마가는 자신의 흔적을 남겼습니다. 예수님께서 마지막 만찬을 나누신 곳은 마가의 집으로 여겨집니다. 마가의 집은 예루살렘에서 매우 부유한 가정이었습니다.

참으로 그 밤에 마가의 집은 거룩한 쓰임을 받았습니다. 뜻하지 않는 하나님의 섭리 속에서 마가의 집은 하나님께 거룩하게 쓰임을 받은 것입니다. 예수님께서는 마가의 집에서 마지막 만찬을 가지시고 제자들과 자리를 옮겨 감람 산으로 기도하려 가셨습니다. 감람 산의 겟세마네에서 베드로가 피곤하여 한 시도 기도하지 못하고 잠들 때에 베드로보다 먼저 잠들었던 사람이 있었습니다. 그 사람이 바로 마가입니다. 그는 자신의 집에서 잠이 들은 것입니다. 손님을 영접하는 일을 끝내고 마가는 깊은 잠에 들었습니다. 그리고 늦은 시간에 예수님께서 감람 산에서 잡히시고 끌려가실 때의 소란함 속에서 마가는 잠에서 깨어 이 일을 구경하는 자가 된 것입니다.

이미 예수님의 제자들은 다 도망하였을 때입니다. 청년 마가는 옷을 입을 겨를도 없이 예수님의 뒤를 따르는 자가 되었습니다. 그는 잠들다 나왔기 때문에 벗은 몸이었으며 자신의 몸을 홑이불로 두르고 있었습니다. 홑이불은 세마포로 매우 귀한 것으로 부유한 가정에서나 가질 수 있는 것이었습니다. 마가는 자신이 주님을 따르는 것이 어떠한 것인지 깊이 생각하지 못하고 다만 주님의 뒤를 따랐습니다. 이처럼 예수님을 따라가며 구경하던 마가는 사람들이 자신을 잡으려 하자 베 홑이불을 버리고 벗은 몸으로 도망하였습니다.

묵상

01 예수님을 잡고자 하는 자들의 무장을 살펴봅시다.

02 가룟 유다의 배신에 관하여 나누어 봅시다.

03 베 홑이불을 버리고 벗은 몸으로 도망한 청년에 관하여 나누어 봅시다.

되새김

가룟 유다의 입맞춤은 거짓된 입맞춤입니다. 배신의 입맞춤입니다. 거룩함을 가
장 속되게 여겼습니다. 가룟 유다는 자신의 영혼을 판 자요, 가장 거룩하게 부르
심을 받아 가장 속된 삶을 산 허망한 인생입니다. 이는 베 홑이불을 버리고 벗은
몸으로 도망한 한 청년보다 더 부끄러운 모습입니다.

PART

35

공회 앞에 서신 예수님
14장53~72절

Key Point

이번 과는 가룟 유다의 배신으로 겟세마네에서 잡히신 주님께서 산헤드린의 공회에 의해 심문과 사형 선고를 받으심에 관한 말씀입니다. 멀찍이 예수님을 따라갔던 베드로는 예고하신 대로 닭 울기 전에 세 번 예수님을 부인합니다.

　　예수님께서 먼저 전대제사장인 안나스에게 끌려가 심문을 받으셨으나(요 18:12-14) 마가복음은 이를 생략하고 바로 산헤드린 공회와 관련된 대제사장 가야바에게 끌려가 재판을 받으심에 관하여 전합니다. 거짓 증인이 많을 때에 참 증인들은 아무도 남아 있지 않았습니다. 멀리 서 있었던 베드로는 예수님을 세 번이나 부인하는 자가 되었으며, 예수님은 자신의 사역을 이루시기 위하여 참람한 자들에게 자신을 내어 주셨습니다. 이방의 재판장에 서기 전에 먼저 저 유대의 최고기관이 산헤드린 공회는 사형을 언도하였고 예수님은 많은 매와 수모를 받으셔야 했습니다.

1. 예수님을 대제사장에게로 끌고 감을 살펴봅시다(53절).

　　예수님은 잡히신 그 시부터 채 만 하루도 되지 않는 시간에 십자가에 달리시기까지 장소를 옮기며 다섯 차례의 심문과 재판을 받으십니다.

　　① 대제사장 안나스
　　② 대제사장 가야바
　　③ 빌라도
　　④ 헤롯
　　⑤ 빌라도

예수님은 먼저 안나스의 집에 끌려가셨습니다. 마태복음에는 가야바에게로 갔다고 하며 마가복음은 이름의 언급 없이 대제사장에게 끌려갔다고 했지만 요한복음은 대제사장 가야바에게로 가기 전에 안나스에게 간 사실이 기록되어 있습니다(요18:12). 안나스는 대제사장 가야바의 장인이자 증경 대제사장으로서 실질적인 권세를 가지고 산헤드린 공회를 움직여 온 실력자였습니다.

예수님은 다음에 가야바에게로 끌려 가셨습니다. 이 사람은 그 해의 대제사장이라고 했습니다. 여기서 공회가 소집되었고 사형언도가 내려졌습니다.

2. 예수님께서 심문을 받으실 때에 베드로의 모습을 살펴봅시다(54절, 66-72절).

앞서 예수님께서는 베드로에게 "오늘 이 밤 닭이 두 번 울기 전에 네가 세 번 나를 부인하리라" 라고 하셨습니다(막 14:30). 베드로는 예수님의 심문을 받는 장소로 따라갔습니다. 그는 다른 제자들과 같이 도망칠 수 없었습니다. 동시에 그는 예수님과 함께 고난을 받을 수 또한 없었습니다. 너무 가까이 가지도 못하고 너무 멀리 가지도 못하는 그는 예수님을 세 번이나 부인하는 자가 됩니다. 너도 나사렛 예수와 함께 있었도다라는 한 여종의 말에 그는 첫 번째 부인을 하였습니다(68절). "나는 네가 말하는 것이 무엇인지 알지도 못하고 깨닫지도 못하겠노라"(70절) 다른 여종이 다시 이 사람은 그 도당이라 할 때 두 번째 부인을 하

였습니다. 조금 후에 곁에 서 있는 사람들이 다시 베드로에게 너도 갈
릴리 사람이니 참으로 그 도당이니라 할 때에 세 번째로 부인하되 저주
하며 맹세하기를 "나는 너희가 말하는 이 사람을 알지 못하노라"(71절)
하였습니다. 이 때에 닭이 곧 두 번째 울었습니다. 이에 베드로는 예수
님의 말씀에 닭이 두 번 울기 전에 네가 세 번 나를 부인하리라 하심이
기억되어 그 일을 생각하고 울었습니다.

3. 거짓 증인들의 증언을 살펴봅시다(55-59절).

대제사장의 집 뜰에 산헤드린 공회의 재판석을 베푼 이들 대제사장
들과 백성의 장로들과 서기관들은 유죄 판결을 위해 먼저 확실한 증거
를 채택해야 했습니다. 대제사장들과 온 공회가 예수를 죽이려고 그를
칠 증거를 찾되 얻지 못하였습니다. 예수를 쳐서 거짓 증언하는 자가
많으나 그 증언이 서로 일치하지 못하였습니다. 이 때에 어떤 사람들
이 일어나 예수를 쳐서 거짓 증언하여 이르기를 "우리가 그의 말을 들
으니 손으로 지은 이 성전을 내가 헐고 손으로 짓지 아니한 다른 성전
을 사흘 동안에 지으리라 하더라"(58절) 하였으나 그 증언도 서로 일치
하지 않았습니다.

4. 대제사장의 심문과 판결을 살펴봅시다(60-64절).

거짓 증인들의 증거에 대제사장이 심문하였습니다. "너는 아무 대답
도 없느냐 이 사람들이 너를 치는 증거가 어떠하냐"(60절) 이에 예수
님께서 침묵하고 아무 대답도 아니하시므로 대제사장이 다시 물어 이

르기를 "네가 찬송 받을 이의 아들 그리스도냐"(61절) 하였습니다. 이는 매우 핵심적인 질문이었습니다. 저들은 지식이 없었던 것이 아니라 믿음이 없었습니다. 대제사장의 심문에 예수님은 "내가 그니라 인자가 권능자의 우편에 앉은 것과 하늘 구름을 타고 오는 것을 너희가 보리라"(62절) 말씀하셨습니다. 평소에 제자들에게 자신을 그리스도로 드러내지 말 것을 당부하셨던 예수님이 스스로 자신이 메시야라고 시인하신 일은 놀라운 일입니다. 예수님은 이제 자기를 분명히 나타내실 때가 된 것입니다. 그들에게 자신이 '그리스도'이심을 분명히 밝히시고 그들로 하나님이 보내신 자기들의 그리스도를 죽인 살인자로서의 하나님의 심판을 받게 하시기 위해서도 이같은 일은 필요했습니다.

예수님의 이 말씀에 대제사장은 자기 옷을 찢었습니다. 대제사장이 자기 옷을 찢은 것은 예수님의 입에서 나온 말이 참람하였다는데 있었습니다. 가야바는 공회 중에서 일어나 결론적으로 이처럼 말했습니다. "우리가 어찌 더 증인을 요구하리요 그 신성 모독 하는 말을 너희가 들었도다 너희는 어떻게 생각하느냐"(63-64절) 하니 공회 의장의 말을 들은 모든 공회원들은 일제히 예수를 사형에 해당한 자라고 정죄하였습니다. 산헤드린 공회의 종교 재판에서 결론이 내려졌습니다. 그것은 '사형'입니다.

5. 예수님께서 매 맞으심을 살펴봅시다(65절).

산헤드린 공의회의 사형 선언과 동시에 예수님께 매질이 시작되었습니다. 어떤 사람은 그에게 침을 뱉으며 그의 얼굴을 가리고 주먹으로 치며 이르기를 선지자 노릇을 하라 하고 하인들은 손바닥으로 쳤습니다.

묵상

01 산헤드린 공회의 죄악을 살펴봅시다.

02 예수님의 침묵에 관하여 나누어 봅시다.

03 예수님을 부인한 베드로에 관하여 나누어 봅시다.

되새김

예수님의 침묵은 예수님의 사역의 변화를 의미하며 공회 앞에서 자신이 그리스
도임을 밝히심은 그들의 죄에 대한 정죄이며 베드로의 부인에 대한 예언과 성취
는 우리의 연약함에 대한 긍휼함입니다.

PART

36

빌라도의 재판
15장1~15절

Key Point

가룟 유다에 의해서 산헤드린 공의회로 넘겨진 예수님께서는 이제는 산헤드린 공의회에서 이방 재판석인 빌라도에게로 넘겨집니다. 그러나 빌라도 또한 의로운 판결을 하지 못하고 결국 예수님을 십자가에 넘겨줍니다.

본문 이해

    산헤드린 공회의 심문과 판결 후에 예수님은 새벽에 총독 빌라도에게 넘겨집니다. 단순한 넘김이 아닌 새벽이라는 시간대와 모든 대제사장들과 백성의 장로들이 예수님을 죽이려고 의논함으로 유월절의 시작 전인 당일에 예수님을 죽이고자 한 것입니다. 저들은 계획하였고 이제 이를 실행에 옮긴 것입니다.

    "이틀이 지나면 유월절과 무교절이라 대제사장들과 서기관들이 예수를 흉계로 잡아 죽일 방도를 구하며 이르되 민란이 날까 하노니 명절에는 하지 말자 하더라"(막 14:1-2)

    "새벽에 대제사장들이 즉시 장로들과 서기관들 곧 온 공회와 더불어 의논하고 예수를 결박하여 끌고 가서 빌라도에게 넘겨 주니"(막 15:1)

    빌라도에게도 선택을 해야 하는 자리가 되었습니다. 그는 예수님에 대한 심판에 최종 결정을 해야 했습니다. 그는 자신의 결정을 무엇을 따라 해야 할지 결정해야 했습니다. 그는 이루어진 이 모든 일들의 이유를 알고 있었습니다. 빌라도는 시기로 말미암아 예수께서 넘겨진 줄을 알고 있었습니다(막 15:10). 만일 의를 따라 행한다면 마땅히 예수를 놓아 주어야 했습니다. 그러나 빌라도는 의를 따르기보다 다른 것을 더 원하였습니다.

1. 예수님께서 빌라도 앞에 서심을 살펴봅시다(1-5절).

산헤드린 공의회는 예수님의 사형을 언도하였으나 그 형을 집행할 권한을 가지지 못하였습니다. 이스라엘은 이방 나라인 로마의 통치를 받고 있었기 때문입니다. 예수님은 사형을 언도받았음에도 불구하고 아이러니하게도 이방 나라의 보호를 받았습니다. 그러나 대제사장들과 장로들은 빌라도의 재판을 통해서 예수님의 사형을 이끌어내고자 하였습니다.

총독은 예수님께 "네가 유대인의 왕이냐"(15절)고 물었습니다. 주님께서는 그에게 "네 말이 옳도다"(15절)라고 하셨으나 대제사장들과 장로들에게 고발에는 아무 대답도 않으셨습니다. 빌라도가 그들의 많은 고발에 예수님께 물었으나 예수님은 한 마디도 대답하지 않으심으로 총독은 놀라워하였습니다.

2. 빌라도 예수님을 풀어주기 위해 어떠한 일을 행하였습니까?(6-15절).

빌라도는 합법적인 방법으로 책임을 회피하고자 하였습니다. 곧 명절을 맞아 한 사람을 풀어 주는 전례로 예수를 풀어 주기를 원하였습니다. 빌라도는 대제사장들이 시기로 예수님을 넘겨 준 줄 알았습니다. 그러나 사람들은 예수가 아닌 유명한 죄수인 바라바를 원하였습니다. 그는 민란을 꾸미고 그 민란 중에 살인하고 체포된 자였으나 대제사장들이 무리를 충동하여 도리어 바라바를 놓아 달라 하게 하였습니다. 가롯유다는 예수님을 은 30에 팔더니 이제 백성들은 예수님을 바라바와 바꾸었습니다. 그들은 예수님이 아닌 바라바를 원하였습니다. 빌라도는 너희가 유대인의 왕이라 하는 이를 내가 어떻게 하랴고 물었으며 그들은 그를 십자가에 못 박게 하소서라 하였습니다. 빌라도가 "어찜이냐 무슨 악한 일을 하였느냐"(14절) 하였으나 더욱 소리를 질러 "십자가에 못 박게 하소서"(14절) 하였습니다. 결국 빌라도는 무리에게 만족을 주고자 하여 바라바는 놓아 주고 예수는 채찍질하고 십자가에 못 박히게 넘겨 주었습니다.

3. 빌라도가 추가적으로 행한 일들을 연구하여 봅시다.

먼저 할 수 있다면 빌라도는 선택의 책임을 회피하고자 하였습니다. 누가복음에 의하면 먼저 빌라도는 예수를 헤롯에게 보냄으로 말미암아 피하고자 하였습니다. 그러나 헤롯 또한 이 일에 관여하지 않았으며 그 선택은 다시 빌라도에게로 돌아왔습니다(눅 23:8-12).

다음으로 빌라도는 불법적은 방법으로 책임을 회피하고자 하였습니다. 곧 예수를 심히 때려 동정의 방법으로 풀어 주고자 하였습니다. 만일 예수님께서 죄가 없으시다면 마땅히 빌라도는 의로 대하여야 했으나 빌라도는 불법적인 방법으로 회피하고자 하였습니다. 그럼에도 불구하고 사람들은 여전히 예수를 십자가에 못 박게 하기를 원하였습니다(요 19:1-5).

마태복음에 의하면, 총독이 재판석에 앉았을 때에 빌라도의 아내는 사람을 보내어 빌라도에게 이 일에 관여하지 말 것을 권하였습니다.

"총독이 재판석에 앉았을 때에 그의 아내가 사람을 보내어 이르되 저 옳은 사람에게 아무 상관도 하지 마옵소서 오늘 꿈에 내가 그 사람으로 인하여 애를 많이 태웠나이다 하더라"(마 27:19)

빌라도는 모든 이유를 알고 있었습니다. 빌라도에게는 좋은 조언도 있었습니다. 그러나 결국 빌라도는 회피하려만 하였고 그 회피가 이루어지지 않자 그 책임을 무리들에게 전가하였습니다.

"빌라도가 아무 성과도 없이 도리어 민란이 나려는 것을 보고 물을 가져다가 무리 앞에서 손을 씻으며 이르되 이 사람의 피에 대하여 나는 무죄하니 너희가 당하라"(마 27:24)

책임은 회피한다고 되는 것이 아니며 또한 전가한다고 해서 되는 것이 아닙니다. 빌라도는 역사 중에 가장 불의한 재판을 한 자가 되고 말았습니다. 세상의 재판장들 중에 가장 불행한 재판장이라 아니할 수 없는 것입니다.

빌라도의 말에 백성이 다 대답하여 "그 피를 우리와 우리 자손에게 돌릴지어다"(마 27:25) 하고 바라바는 그들에게 놓아 주고 예수는 채찍질하고 십자가에 못 박히게 넘겨 주었습니다.

01 빌라도의 두려움에 관하여 나누어 봅시다.

02 빌라도가 가졌던 여러 가지 기회에 관하여 나누어 봅시다.

03 빌라도는 누구를 만족케 하였습니까?

되새김

빌라도는 결국 사람들을 두려워하였습니다. 그의 직위를 사랑하였고 자신의 직위를 지키기 위하여 결국 불의를 택하고 말았습니다. 오늘 우리는 믿음의 선택을 할 수 있는 사람들이 되어야 할 것입니다. 사람을 두려워하는 것이 아니라 하나님을 두려워하는 자가 되어야 합니다. 책임을 회피하는 자가 아니라 자신에게 주어진 책임에 믿음의 결단을 내릴 수 있는 자가 되어야 할 것입니다.

PART

37

십자가에 못 박히신 예수님
15장16~32절

Key Point

빌라도에 의해서 십자가에 넘겨진 예수님은 희롱을 받으십니다. 군병들에 의한 능욕과 지나가는 자들에 의한 모욕과 대제사장들과 서기관들과 장로들의 희롱과 십자가에 못 박힌 강도들에게까지 욕을 받으셨습니다.

십자가에 넘겨진 예수님께서는 많은 능욕을 받으십니다. 먼저 군병들에 의해서 관정에서 희롱 받으십니다. 옷 벗김, 홍포를 입힘, 가시관, 갈대를 오른손에 들림, 무릎 꿇음, 거짓 인사, 침, 갈대로 침을 받으셨습니다. 군병들은 예수님의 옷을 제비 뽑고 십자가의 예수님의 머리 위에는 '이는 유대인의 왕 예수라'는 죄패를 붙였습니다. 지나가는 자와 대제사장들과 서기관들과 장로들, 더 나아가 함께 십자가에 못 박힌 강도까지 예수님을 희롱하고 욕하였습니다.

1. 예수님께서 군병들에게 능욕받으심을 살펴봅시다(16-20절).

빌라도에 의해서 십자가에 넘겨진 예수님은 먼저 군병들에게 능욕을 받으셨습니다. 군인들은 예수님을 '브라이도리온'이라는 뜰 안으로 끌고 갔습니다. '브라이도리온'은 관정을 가르킵니다. 관정 안에서 온 군대가 모였으며 예수님께 자색 옷을 입히고 가시관을 엮어 씌우고 경례하여 '유대인의 왕이여 평안할지어다'라 하였습니다. 갈대로 그의 머리를 치며 침을 뱉으며 꿇어 절하기도 하였습니다. 희롱을 다 한 후 자색 옷을 벗기고 도로 그의 옷을 입히고 십자가에 못 박으려고 끌고 나갔습니다.

2. 구레네 사람 시몬이 예수님의 십자가를 대신 짐을 살펴봅시다(21절).

구레네 사람 시몬은 알렉산더와 루포의 아버지였습니다. 그는 시골로부터 와서 지나가고 있었는데 군병들에 의해 억지로 예수의 십자가를 지게 되었습니다. 구레네 사람 시몬의 십자가는 억지로 진 십자가입니다. 그러나 하나님께서는 구레네 사람 시몬의 십자가, 억지로 진 십자가 위에 복을 내리셨습니다.

시몬은 구레네 사람입니다. 구레네는 지금의 아프리카 리비아의 수도 '트리폴리' 지역입니다. 성령께서 이 시몬의 지역을 구레네라고 분명히 언급하신 것은 이 사람을 주의 사도 시몬 베드로나 사마리아의 마술사 시몬과 같은 다른 시몬들과 구분하기 위한 것이기도 하지만 그 이상의 의미가 있음을 알아야 합니다. 이 구레네 사람 시몬은 주의 십자가를 진 사람이었으며 그에 대한 축복은 그 지역까지 초대교회의 복음 사역에 귀하게 쓰임을 받게 되는 것을 볼 수 있습니다(행 11:20-21).

3. 예수님께서 골고다에 이르심을 살펴봅시다(22-23절).

골고다는 아람어로 해골에 대한 헬라어 음역이며 라틴어로는 갈보리입니다. 아마도 이 산 모양이 해골 같이 생긴 것으로 기인합니다. 이 곳에서 사람들은 마취제로 씌여지는 쓸개 탄 포도주를 예수님께 주어 마시게 하려 하였으나 예수님께서는 마시지 않으셨습니다.

"그들이 쓸개를 나의 음식물로 주며 목마를 때에는 초를 마시게 하였

사오니"(시 69:21)

　예수님께서는 대속의 사역을 감당하심에 있어서 인위적으로 자신의 고난을 감하시지 않으시고 온전히 그 고난을 다 받으셨습니다.

4. 예수님께서 십자가에 못 박히심을 살펴봅시다(24-27절).

　그들이 예수님을 십자가에 못 박은 후에 그 옷을 제비 뽑아 나누었습니다. 저들은 존귀하신 주님의 몸을 십자가에 못 박고 옷자락만 만져도 나음을 입었던 그 옷은 탐하였습니다. 옷을 나눔에 대한 자세한 말씀은 요한복음을 통해서 전합니다(요 19:23-24). 예수님을 십자가에 못 박은 시간은 제삼시였으며, 그 위에 죄패에는 '유대인의 왕'이라고 썼습니다. 또한 강도 둘을 예수님과 함께 십자가에 못 받아 하나는 우편에 하나는 좌편에 있었습니다.

5. 예수님께서 사람들에게 능욕을 받으심을 살펴봅시다(29-32절).

　예수님은 두 강도 사이에 못 박히심으로 마치 강도와 같이 취급함을 받으셨으며, 지나가는 자들은 자기 머리를 흔들며 예수를 모욕하여 "아하 성전을 헐고 사흘에 짓는다는 자여 네가 너를 구원하여 십자가에서 내려오라"(29-30절) 하였으며 대제사장들도 서기관들과 함께 희롱하여 "그가 남은 구원하였으되 자기는 구원할 수 없도다 이스라엘의 왕 그리스도가 지금 십자가에서 내려와 우리가 보고 믿게 할지어다"(30-31절) 라 하였습니다. 심지어 함께 십자가에 못 박힌 자들도 예수님을 욕하였습니다.

묵 상

01 　희롱 받으신 예수님에 관하여 나누어 봅시다.

02 　구레네 사람 시몬의 교훈을 나누어 봅시다.

03 　골고다의 교훈을 나누어 봅시다.

되새김

십자가의 고통은 육의 고통입니다. 그러나 십자가의 고통은 더 깊은 정신적인 고통입니다. 예수님께서 십자가를 지심에 받으셨던 많은 희롱은 이를 알게 하십니다. 그러나 가장 큰 고통은 영적인 고통이었습니다. 그것은 우리를 위하여 친히 아버지의 진노를 받으셔야 했기 때문입니다.

PART

38

죽으신 예수님
15장33~47절

Key Point

육의 고통과 정신적인 고통을 받으신 예수님께서는 하나님께로부터 버림을 받는 영적인
고통을 받으셨습니다. 그러나 그의 죽음은 우리들에게 새로운 산 길을 여시고 새 생명을
허락하신 죽으심이었습니다. 이번 과는 예수님의 죽으심에 관하여 전합니다.

본문 이해

　예수님의 십자가 위에서의 많은 말씀들 그리고 그 죽으심에 관한 많은 일들이 있음에도 불구하고 마가복음은 예수님의 죽으심에 대한 많은 말씀들을 절제합니다. 예수님께서는 마지막 고통 가운데 죽으시고 그 죽으심으로 놀라운 이적으로서 우리들 가운데 행하신 일들을 증거하셨습니다. 예수님의 장례가 아리마대 사람 요셉에 의해서 이루어지고 유대 종교 지도자들의 의심 가운데 그 무덤은 지켜졌습니다. 그러나 이는 더욱더 확실히 예수님의 부활을 증거합니다.

1. 예수님의 십자가 위에서 마지막 고뇌를 살펴봅시다(33-36절).

　십자가에 못 박히시고 3시간이 흐른 제6시로부터 온 땅에 어둠이 임하여 제9시까지 계속되었습니다. 제9시쯤에 예수님께서 크게 소리 지르셨습니다.

　"엘리 엘리 라마 사박다니"(34절)

　이는 '나의 하나님 나의 하나님 어찌하여 나를 버리셨나이까' 하는 말입니다. 곁에 섰던 자 중에 어떤 이들이 듣고 이 사람이 엘리야를 부른다 하고 그 중의 한 사람이 달려가서 해면을 가져다가 신 포도주에 적시어 갈대에 꿰어 마시게 하나 그 남은 사람들이 "가만 두라 엘리야가 와서 그를 내려 주나 보자"(36절) 하였습니다. 십자가의 마지막 순간까지도 사람들은 오해와 무지를 벗어나지 못하였습니다.

2. 예수님의 죽으심으로 이루어진 일들을 살펴봅시다(37-41절).

예수님께서 큰 소리를 지르시고 숨지셨습니다. 예수님께서 죽으신 때에 성소 휘장이 위로부터 아래까지 찢어져 둘이 되었습니다. 예수님의 죽으실 때에 이루어진 일로 이 일을 유일하게 기록함을 특별히 주목해보아야 합니다. 위로부터 아래로 찢어짐은 사람으로 말미암은 것이 아닌 하나님께서 행하심입니다. 이 휘장은 성소와 지성소를 가르는 둘째 휘장으로(히 9:3) 예수 그리스도의 육체를 나타내는 바 그의 죽으심으로 이제는 성전의 제사 곧 짐승의 피로 말미암지 않고 주 예수 그리스도로 말미암아 하나님께 나아갈 수 있는 길이 열림을 의미합니다.

또한 이는 온전한 대속의 제물이 되심으로 말미암아 성전의 제사가 아닌 새로운 예배를 여심이 됩니다.

예수님을 향하여 섰던 백부장은 예수님께서 그렇게 숨지심을 보고 '이 사람은 진실로 하나님의 아들이었도다' 하였습니다. 예수님의 십자가는 성소의 휘장을 찢어 구원의 길을 여셨으며, 또한 믿음의 사람들을 부르시는 것입니다.

멀리서 바라보는 여자들이 있었는데 그중에 막달라 마리아와 작은 야고보와 요세의 어머니 마리아와 또 살로메가 있었습니다. 이들은 예수님께서 갈릴리에 계실 때에 따르며 섬기던 자들이며 또 이 외에 예수님과 함께 예루살렘에 올라온 여자들도 많이 있었습니다.

3. 예수님의 장사됨을 살펴봅시다(42-47절).

예수님께서 죽으신 날은 준비일 곧 안식일 전날이었습니다.

예수님의 장사됨에 가장 크게 쓰임을 받은 사람은 아리마대 사람 요셉입니다. 그는 예수님의 제자이지만 자신을 밝히 드러낸 사람은 아니었습니다.

"아리마대 사람 요셉은 예수의 제자이나 유대인이 두려워 그것을 숨기더니 이 일 후에 빌라도에게 예수의 시체를 가져가기를 구하매 빌라도가 허락하는지라 이에 가서 예수의 시체를 가져가니라"(요 19:38)

아리마대 사람 요셉, 그는 많은 것을 가진 사람이었습니다. 마태복음은 그에 관하여 부자라고 말씀하시고 있습니다. 반대로 그는 많은 것을 잃을 수 있는 사람이었습니다. 낙타가 바늘귀로 들어가는 것이 부자가 하나님의 나라에 들어가는 것보다 쉽다고 하셨으나 사람으로 할 수 없으나 하나님으로서는 하실 수 있는 일이 아리마대 사람 요셉을 통해서 일어난 것입니다(마 19:23-26).

그가 당돌하게 빌라도에게 예수님의 시신을 요구한 것은 작은 일이 아니었습니다. 예수님의 시신을 요구하는 것은 그 또한 공범자로 여겨질 수 있는 위험한 행위였습니다. 그는 존경 받는 공회원이며 하나님 나라를 기다리는 자로 사람들에게도 인정함을 받는 자였으나 이 모든 것을 잃어버릴 수 있었던 것입니다.

요셉은 당돌히 빌라도에게 가서 예수의 시체를 달라 하였습니다. 빌라도는 예수님께서 벌써 죽었을까 하고 이상히 여겨 백부장을 불러 죽은 지가 오래냐 묻고 백부장에게 알아 본 후에 요셉에게 시체를 내 주었습니다.

요셉이 세마포를 사서 예수님을 내려다가 그것으로 싸서 바위 속에 판 무덤에 넣어 두고 돌을 굴려 무덤 문에 놓았습니다. 막달라 마리아와 요세의 어머니 마리아가 예수님을 둔 곳을 보았습니다.

묵 상

01 엘리 엘리 라마 사박다니의 말씀을 나누어 봅시다.

02 성소의 휘장이 찢어짐의 의미에 관하여 나누어 봅시다.

03 아리마대 사람 요셉의 일생과 믿음에 관하여 나누어 봅시다.

되새김

예수님의 십자가의 죽으심에 성소의 휘장의 증거가 있습니다. 백부장의 고백이
있었습니다. 아리마대 사람 요셉의 헌신이 있었습니다. 오늘날에게는 십자가의
죽으신 주님 앞에 어떠한 증거와 고백과 헌신이 있습니까?

마가복음

결론
(16:1-20)

제8부

부활
(16:1-20)

39

부활하신 예수님
16장1~20절

Key Point

마가복음의 마지막 16장은 부활의 장입니다. 수난의 말씀에 비해 부활의 말씀은 짧게 증거합니다. 부활의 증인으로 막달라 마리아, 엠마오의 두 제자, 음식을 먹던 열한 제자에 관하여 말씀하시며 마지막 복음 증거의 사명을 전합니다.

본문 이해

마가복음은 십자가에 이르는 과정을 길게 전하면서도 막상 부활에 관한 말씀은 짧게 전하며[1] 마지막 선교 명령으로 대단원을 마칩니다. 예수님의 부활을 증거하기 위한 많은 증거들을 수집하지 않았습니다. 부활의 증인으로서 막달라 마리아와 엠마오의 두 제자와 음식을 먹던 열한 제자에 관한 말씀과 복음 전파에 관하여 전하시며 예수님의 승천으로 끝을 맺습니다.

■ 마가복음 16장1-20절의 구조적 이해

    막 16:1-8: 부활하신 예수님

    막 16:9-11: 막달라 마리아에게 보이심

    막 16:12-13: 두 사람에게 보이심

    막 16:14: 열한 제자에게 보이심

    막 16:15-18: 만민에게 복음을 전파하라

    막 16:19-20: 승천하신 예수님

---

1) 참고로 마가복음 16장9-20절은 오래된 사본들에는 나타나지 않고 후기의 사본들에 나타납니다. 뿐만 아니라 문체적으로도 마가의 문체와 차이가 있으며 내용적으로 어색합니다. 그러므로 주요한 신학적인 견해는 본래적인 마가복음은 16장8절까지로 전합니다.

1. 여자들이 부활하신 예수님을 뵘을 살펴봅시다(1-8절).

부활의 날은 안식 후 첫 날인 주일입니다. 안식일이 다 지나고 안식 후 첫날이 되려는 새벽, 매우 일찍이 해 돋을 때에 막달라 마리아와 야고보의 어머니 마리아와 살로메가 가서 예수님께 바르기 위하여 향품을 사다 두었다가 그 무덤에 가며 서로 말하기를 "누가 우리를 위하여 무덤 문에서 돌을 굴려 주리요"(3절) 하였는데 무덤에 가서 보니 심히 큰 그 돌이 굴려져 있었습니다.

여인들은 이에 무덤에 들어갔는데 흰 옷을 입은 한 청년이 우편에 앉은 것을 보고 놀랐습니다. 청년은 이르기를

"놀라지 말라 너희가 십자가에 못 박히신 나사렛 예수를 찾는구나 그가 살아나셨고 여기 계시지 아니하니라 보라 그를 두었던 곳이니라 가서 그의 제자들과 베드로에게 이르기를 예수께서 너희보다 먼저 갈릴리로 가시나니 전에 너희에게 말씀하신 대로 너희가 거기서 뵈오리라 하라"(6-7절)

하였습니다. 여자들이 몹시 놀라 떨며 나와 무덤에서 도망하고 무서워하여 아무에게 아무 말도 하지 못하였습니다.

2. 예수님께서 막달라 마리아에게 먼저 보이심을 살펴봅시다(9-11절).

예수님께서 안식 후 첫날 이른 아침에 살아나신 후 전에 일곱 귀신을

쫓아내어 주신 막달라 마리아에게 먼저 보이셨습니다. 마리아가 가서 예수와 함께 하던 사람들이 슬퍼하며 울고 있는 중에 이 일을 알리니 그들은 예수님께서 살아나셨다는 것과 마리아에게 보이셨다는 것을 듣고도 믿지 않았습니다.

3. 예수님께서 두 제자에게 나타내심을 살펴봅시다(12-13절).

그 후에 마리아로부터 예수님의 살아나심을 들은 자들 중 두 사람이 걸어서 시골로 갈 때에 예수님께서 다른 모양으로 그들에게 나타나셨습니다. 두 사람은 부활하신 예수님을 만나고 가서 남은 제자들에게 알렸으나 역시 믿지 않았습니다.

4. 예수님께서 열한 제자에게 나타나심을 살펴봅시다(14절).

그 후에 열한 제자가 음식 먹을 때에 예수님께서 그들에게 나타나사 그들의 믿음 없는 것과 마음이 완악한 것을 꾸짖었습니다. 이는 자기가 살아난 것을 본 자들의 말을 믿지 않았기 때문입니다.

5. 만민에게 복음을 전파하라 하심을 살펴봅시다(15-18절).

부활하신 예수님께서는 제자들에게 다음과 같은 사명을 주셨습니다.

"너희는 온 천하에 다니며 만민에게 복음을 전파하라 믿고 세례를 받는 사람은 구원을 얻을 것이요 믿지 않는 사람은 정죄를 받으리라 믿는 자들에게는 이런 표적이 따르리니 곧 그들이 내 이름으로 귀신을 쫓아내며 새 방언을 말하며 뱀을 집어올리며 무슨 독을 마실지라도 해를 받지 아니하며 병든 사람에게 손을 얹은즉 나으리라"(15-18절)

6. 예수님께서 승천하심을 살펴봅시다(19-20절).

주 예수님께서 말씀을 마치신 후에 하늘로 올려지사 하나님 우편에 앉으셨습니다. 제자들이 나가 두루 전파하매 주께서 함께 역사하사 그 따르는 표적으로 말씀을 확실히 증언하셨습니다.

묵상

01 마가복음 안에서 부활의 증언이 짧음에 관하여 나누어 봅시다.

02 믿지 않는 제자들의 모습을 살펴봅시다.

03 복음 전파의 사명에 관하여 나누어 봅시다.

되새김

제자들은 예수님께서 부활하심을 듣고도 믿지 않았습니다. 예수님께서는 제자
들의 믿음이 없는 것과 마음이 완악한 것을 꾸짖으셨습니다. 믿음의 사람들은 예
수님께서 부활하심을 믿는 자요, 더 나아가 만민에게 복음을 전파하는 자입니다.

참고도서

- Collins, Adela Yarbro. Mark. Hermeneia: A Critical and Historical
- Commentary on the Bible. Minneapolis: Fortress, 2007.
- Gundry, Robert H. Mark: A Commentary on His Apology for the Cross. Grand Rabids: Eerdmans, 1993.
- Lane, William L. 『마가복음』. 서울: 생명의 말씀사, 1983.
- Kingsbury, Jack Dean. 『마가의 기독론』. 서울: 나단, 1994.
- Guelich, Robert A. 『WBC 성경주석: 마가복음 상』. 서울: 솔로몬, 2001.
- Evans, Craig A. 『WBC 성경주석: 마가복음, 하』. 서울: 솔로몬, 2002.
- Berkhof, L. 『성경 해석학』. 서울: 성광 문화사, 1982.
- Blomberg, C. L. 『비유해석학』. 서울: 생명의 말씀사, 1996.
- Bultmann, R. 『공관복음 전승사』. 서울: 대한기독교서회, 1988.
- Funk, R. W. 『예수에게 솔직히』. 서울: 한국기독교연구소, 1999.
- Conzelmann. H. 『신약성서신학』. 서울: 한국신학연구소, 1987.
- Ladd, G. E. 『신약신학』. 서울: 대한기독교출판사, 1985.
- Linnemann. A. 『공관복음서 연구의 새로운 동향』. 서울: 한국신학연구소, 1988.
- Perrin. N. 『성서연구 방법론』. 서울: 한국신학연구소, 1988.
- 고병려. 『마가복음의 이해』. 서울: 종로서적, 1981.
- 김득중. 『마가복음의 부활신학』. 서울: 컨콜디아사, 1981.
  『신약성서개론』. 서울: 컨콜디아사, 1988.
- 전경연 외 4인. 『신약성서신학』. 서울: 대한기독교서회, 1983.
- Machen, J. G. 『신약성서 희랍어 교본』. 서울: 대한기독교서회, 1989.
- 김현정. 『마가의 실패한 영웅 이야기』. 서울: 한들출판사, 2018.
- 김득중. 『복음서의 비유들』. 서울: 컨콜디아사, 1990.

- 성종현.『신약총론』. 서울: 장로회신학대학 출판부, 1992.

  『공관복음서 대조연구』. 서울: 장로회신학대학 출판부, 1992.
- 박수암.『마가복음 13장과 마가복음』. 서울: 장로회신학대학 출판부, 1993.

  『대한기독교서회 창립 100주년 기념 성서주석: 마가복음』. 서울: 대한기독교서회, 1993.

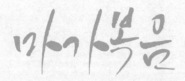

초판인쇄일 _ 2021년 3월 22일
초판발행일 _ 2021년 3월 22일

펴낸이 _ 임경묵
펴낸곳 _ 도서출판 다바르

주소 _ 인천 서구 건지로 242, A동 401호(가좌동)
전화 _ 032) 574-8291

지은이 _ 임경묵 목사
            연세대학교 신학과 졸업
            장로회신학대학교 신대원 졸업(M.Div.)
            장로회신학대학교 대학원 졸업(Th.M.)
            현) 주향교회 담임목사
            현) 다바르 말씀학교 원장

기획 및 편집 _ 장원문화인쇄
인쇄 _ 장원문화인쇄
ISBN 979-11-970294-8-6